इन्फोर्मेशन & कम्युनिकेशन टेक्नोलोजी सिस्टीम मेंटेनन्स ICTSM प्रथम वर्ष हिंन्दी MCQ

मनोज डोळे

डिजिटाइजेशन समय की मांग है। भविष्य में, प्रशिक्षण को अधिक सुविधाजनक और आसान बनाने के लिए ऑनलाइन इंटरनेट का उपयोग करके औद्योगिक प्रशिक्षण संस्थानों में प्रशिक्षण आयोजित करने की आवश्यकता होगी। एमसीक्यू प्रश्नों के एक सेट वाली ई-पुस्तकें प्रशिक्षुओं को उपलब्ध कराई जाएंगी क्योंकि उन्हें अपने औद्योगिक प्रशिक्षण संस्थानों में होने वाली ऑनलाइन परीक्षाओं की तैयारी के लिए बहुविकल्पीय प्रश्नों एमसीक्यू के अधिक आदी होने की आवश्यकता है।

इन सब बातों को ध्यान में रखते हुए औद्योगिक प्रशिक्षण संस्थान सतारा के प्रशिक्षक श्री मनोज मधुकर डोले ने नई वार्षिक प्रणाली और एनएसक्यूएफ-5 पाठ्यक्रम के अनुसार पुस्तकें लिखी हैं। और उन्होंने प्रशिक्षण को आसान बनाने के लिए सैद्धांतिक मोबाइल ऐप और ब्लॉग बनाए हैं, और इन सभी शैक्षिक सामग्री को विश्व प्रसिद्ध वेबसाइटों Google Play Store, Amazon और Apple Book Store पर डाउनलोड के लिए उपलब्ध कराया है।

पुस्तकों का प्रकाशन माननीय सहसंचालक श्री राजेंद्र घुमे साहेब प्रादेशिक व्यावसायिक शिक्षण व प्रशिक्षण कार्यालय, पुणे द्वारा दिनांक 9/1/2019 को किया गया, इस समय श्री प्रकाश सहगवकर साहब प्राचार्य शासकीय औद्योगिक प्रशिक्षण संस्थान औंध पुणे, श्री तुकाराम मिसाल साहेब प्राचार्य सरकार प्र. संस्था सतारा, श्री सचिन धूमल साहब जिला व्यावसायिक शिक्षा एवं प्रशिक्षण अधिकारी सतारा, श्री यतिन परगांवकर साहब प्राचार्य शासन. Q. संस्था कोल्हापुर, श्री विकास टेक साहब इंस्पेक्टर वोकेशनल एजुकेशन एंड ट्रेनिंग रीजनल ऑफिस पुणे, पालेकर फूड्स प्रोडक्ट्स प्रा. लि. सतारा के उद्यमी अध्यक्ष श्री नीलकंठराव पालेकर साहब, हीरा फूड्स के अध्यक्ष श्री इब्राहिम बाबा तंबोली साहब, श्रीमती शाल्मली पवार मुख्याध्यापिका शासकीय तकनीकी विद्यालय केंद्र सतारा सहित अन्य गणमान्य व्यक्ति इस अवसर पर उपस्थित थे।

क्रम-सूची

प्रस्तावना

इन्फोर्मेशन & कम्युनिकेशन टेक्नोलोजी सिस्टीम मेंटेनन्स ICTSM प्रथम वर्ष हिंन्दी MCQ आईटीआई और इंजीनियरिंग पाठ्यक्रम सूचना और संचार प्रौद्योगिकी प्रणाली रखरखाव आईसीटीएसएम के लिए एक सरल पुस्तक है। इसमें रेखांकित और बोल्ड सही उत्तरों के साथ वस्तुनिष्ठ प्रश्न शामिल हैं, जिसमें सभी विषयों को शामिल किया गया है, जिसमें सुरक्षा और पर्यावरण के बारे में नवीनतम और महत्वपूर्ण, अग्निशामक यंत्रों का उपयोग, प्रतिरोधों और सोल्डरिंग, डी-सोल्डरिंग अभ्यास, इंडक्टर्स, माप इंडक्शन और ट्रांसफॉर्मर, कैपेसिटर के उपयोग शामिल हैं। , ट्रांजिस्टर के प्रकार और इसे एम्पलीफायरों, वोल्टेज, आवृत्ति, मॉड्यूलेटर / ट्रांसमीटर के मॉड्यूलेशन के रूप में उपयोग करते हैं। सूचना संचार प्रणाली, वर्ड प्रोसेसिंग और स्प्रेडशीट सॉफ्टवेयर, डेस्कटॉप कंप्यूटर के हार्डवेयर घटकों, ऑपरेटिंग सिस्टम और अन्य सभी एप्लिकेशन सॉफ्टवेयर, लैपटॉप पीसी के हार्डवेयर घटकों में उपयोग किए जाने वाले कुछ महत्वपूर्ण मैकेनिकल, इलेक्ट्रिकल और इलेक्ट्रॉनिक्स सहायक उपकरण के साथ काम करना । एसएमपीएस को बदलें / स्थापित करें और समस्या निवारण, मेमोरी डिवाइस, चिप्स, मोडेम, सिस्टम रिसोर्स, एड ऑन काड्र्स, केबल्स और कनेक्टर, टैबलेट / स्मार्ट डिवाइस, विभिन्न नेटवर्क उपकरणों का उपयोग करके नेटवर्किंग सिस्टम, विंडोज सर्वर का कॉन्फ़िगरेशन। स्थापना, DNS का कॉन्फ़िगरेशन, रूटिंग और उपयोगकर्ता खाता अनुकूलन। सर्वर का विन्यास और सर्वर नेटवर्क सुरक्षा और बुनियादी ढांचे का प्रबंधन। लिनक्स सर्वर की स्थापना और बुनियादी विन्यास और बहुत कुछ।

हम प्रत्येक नए संस्करण के साथ नए प्रश्न उत्तर जोड़ते हैं। किसी भी त्रुटि/चूक के मामले में कृपया हमें ईमेल करें। यह यकीनन सभी इंजीनियरिंग बहुविकल्पीय प्रश्नों और उत्तरों के लिए सबसे बड़ी और सर्वश्रेष्ठ ई-बुक है।

एक छात्र के रूप में आप इसे अपनी परीक्षा की तैयारी के लिए उपयोग कर सकते हैं। यह ई-पुस्तक प्रोफेसरों के लिए सामग्री को ताज़ा करने के लिए भी उपयोगी है।

भूमिका

डीजीईटी नई दिल्ली और सीएसटीएआरआई कोलकाता अगस्त 2018 सत्र से आईटीआई में सभी व्यवसायों के लिए एक वार्षिक पैटर्न लागू कर रहे हैं। परीक्षा प्रणाली में भी बदलाव किया जाएगा और यह इस साल से ऑनलाइन हो जाएगी और चूंकि सभी प्रश्न वस्तुनिष्ठ प्रकार (एमसीक्यू) के हैं, इसलिए प्रशिक्षुओं को गहन अध्ययन की सख्त जरूरत है। इसे ध्यान में रखते हुए हमें पुराने NIMI पैटर्न पर आधारित पुस्तकें और नए वार्षिक पैटर्न का संपूर्ण अवलोकन प्रस्तुत करते हुए प्रसन्नता हो रही है, और हम आशा करते हैं कि ये पुस्तकें सभी व्यावसायिक निदेशकों और प्रशिक्षुओं के लिए एक मार्गदर्शक होंगी। है।

इन पुस्तकों को लिखने के लिए आईटीआई अकलुज के प्राचार्य जोहर अवाटे साहब ने कहा। आईटीआई सतारा सहगवकर साहब के पूर्व प्राचार्य, सहायक निदेशक श्री चंद्रकांत ढेकने साहेब क्षेत्रीय व्यावसायिक शिक्षा एवं प्रशिक्षण कार्यालय, पुणे, जिला व्यावसायिक शिक्षा एवं प्रशिक्षण अधिकारी सचिन धूमल साहेब एवं प्रधानाध्यापक शासकीय तकनीकी विद्यालय केन्द्र शाल्मली पवार मैडम एवं पुत्र अधिराज डोले, माता कुसुम डोले , मैं अपने पिता मधुकर डोले और पत्नी अश्विनी डोले को समय-समय पर उनके विशेष मार्गदर्शन और सहयोग के लिए बहुत आभारी हूं।

साथ ही, बहुत ही कम समय में श्री राजेन्द्र घुमे साहेब, संयुक्त निदेशक, व्यावसायिक शिक्षा और प्रशिक्षण क्षेत्रीय कार्यालय, पुणे द्वारा पुस्तक के प्रकाशन में उनके अमूल्य समय के लिए पुस्तक की समीक्षा की गई। मैं उनकी प्रतिक्रिया के लिए हृदय से आभारी हूँ।

पुस्तक लिखने की शुरुआत से ही निरंतर समर्थन के लिए मैं आईटीआई सतारा के प्रशिक्षक का आभारी हूं।

इस पुस्तक से, मैं खुद को धन्य मानता हूं कि मैंने आपके साथ ई-लर्निंग पर अपने विचार साझा किए। मैं यह दावा नहीं करूंगा कि यह पुस्तक पूर्ण है, क्योंकि पूर्णता को देखते हुए यह पुस्तक एक प्रयास है और अपनी शैशवावस्था में है। यदि उनका परीक्षण और सुझाव दिया जाए तो वे सुधार के लिए मूल्यवान होंगे।

मनोज डोले

दिनांक 9/1/2019

पावती (स्वीकृति)

21वीं सदी में औद्योगिक क्षेत्र में तेजी से बढ़ती मांग के अनुरूप बहु-कुशल कारीगरों की आपूर्ति के लिए व्यावसायिक शिक्षा और प्रशिक्षण विभाग के माध्यम से व्यावसायिक शिक्षा और प्रशिक्षण विभाग के माध्यम से व्यावसायिक शिक्षा और प्रशिक्षण प्रदान किया जाता है। संस्थानों के भीतर सभी व्यवसाय महत्वपूर्ण हैं, क्योंकि इन व्यवसायों के प्रशिक्षु उद्योग की मांगों के अनुसार बहु-कौशल विकसित करते हैं।

सभी व्यवसायों के लिए उपयुक्त एमसीक्यू ई-पुस्तकें उपलब्ध कराने के नेक इरादे से, यह देखते हुए कि औद्योगिक क्षेत्र के सभी उद्योगों में सभी परीक्षाएं ऑनलाइन आयोजित की जाती हैं और इसमें एमसीक्यू पद्धति के प्रश्न शामिल होते हैं। श्री मनोज मधुकर डोले ने नए वार्षिक पाठ्यक्रम के अनुसार एमसीक्यू पद्धति पर एक बहुत अच्छी ई-बुक लिखी है। यह ई-पुस्तक निश्चित रूप से सभी प्रशिक्षुओं, प्रशिक्षु उम्मीदवारों, प्रशिक्षण प्रशिक्षकों और अन्य संबंधितों के लिए एक मार्गदर्शक होगी।

पुस्तक के लेखक श्री मनोज मधुकर डोले, इंस्ट्रक्टर गॉव आईटीआई सतारा को 17 साल का प्रशिक्षण अनुभव है। एक नए वार्षिक पैटर्न के रूप में लिखी गई, यह ई-बुक प्रत्येक विषय के लिए लेआउट, सरल भाषा और सरल सिंटैक्स, आरेख और वीडियो को समझने के लिए आधुनिक डिजिटल क्यूआर कोड तकनीक को शामिल करती है। इसलिए मुझे विश्वास है कि यह ई-पुस्तक निश्चित रूप से गहन अध्ययन और परीक्षा अभ्यास के लिए उपयोगी होगी। उन्होंने जो कार्य किया है वह निश्चित रूप से काबिले तारीफ है।

श्री तुकाराम मिसाल
प्राचार्य शासकीय औद्योगिक प्रशिक्षण संस्था सातारा.

आमुख

हमारे औद्योगिक प्रशिक्षण संस्थानों की औद्योगिक प्रशिक्षण और सैद्धांतिक परीक्षा प्रणाली और इन परिवर्तनों को शिल्प प्रशिक्षकों और प्रशिक्षुओं द्वारा स्वीकार किया गया है। आपके औद्योगिक प्रशिक्षण संस्थानों में आयोजित सैद्धांतिक परीक्षाएं भी ऑनलाइन आयोजित की जाती हैं। चूंकि ये परीक्षाएं बहुविकल्पीय एमसीक्यू पद्धति की हैं, इसलिए प्रशिक्षुओं को ऐसे प्रश्नों का अधिक अभ्यास करने की आवश्यकता होगी।

इन सब बातों को ध्यान में रखते हुए श्री मनोज मधुकर, निदेशक, डोले क्राफ्ट्स, कटारी औद्योगिक प्रशिक्षण संस्थान, सतारा, ने नई वार्षिक प्रणाली और NSQF-5 के अनुसार, गहन अध्ययन किया है और अपनी मेहनत से और अपनी गहरी बुद्धि को जोड़ा है। पाठ्यक्रम, कटारी और अन्य मशीन ट्रेडों की ई-बुक। -बुक) और उन्होंने प्रशिक्षण को आसान बनाने के लिए सैद्धांतिक विषयों पर मोबाइल ऐप और ब्लॉग बनाए हैं और इन सभी शैक्षिक सामग्री को विश्व प्रसिद्ध वेबसाइटों Google Play Store, Amazon और Apple Book Store पर डाउनलोड के लिए उपलब्ध कराया है। प्रिंट संस्करण बनाकर और क्यूआर कोड जैसी उन्नत तकनीकों का उपयोग करके प्रशिक्षण को आसान बना दिया गया है।

ये सभी शैक्षिक सामग्री निश्चित रूप से सभी प्रशिक्षुओं के लिए गहन अध्ययन के लिए और शिल्प प्रशिक्षकों और अन्य संबंधितों के लिए एक मार्गदर्शक होगी जो व्यावसायिक प्रशिक्षण प्रदान कर रहे हैं।

1

इन्फोर्मेशन & कम्युनिकेशन टेक्नोलोजी सिस्टीम मेंटेनन्स ICTSM प्रथम वर्ष हिंन्दी MCQ Drawing

Online Test Exam
ITI Books
CNC Course
AutoCAD CAM
JOB & Apprentice
Online Theory
Computer Course
Trading Course
Web Designing
MSCIT Course
Shopping Business
Internet Business
Remotasks Course
Online Services
Top Sportsmans
Indian Army
Freedom Fighters
Top Scientists
Social Reformers
Motivational Speaker
Top Richest People
Join WhatsApp Group
Join Facebook Group
Like Facebook Page
PAN / Adhar / Licence Passport
ई-पुस्तक प्रकाशन

BATTERY
battery
capacitor
cell
dynamometer
N
S
Battery
electromagnet
heater
Magnetic Field
Current
Change
Induced
Voltage
Mutual Inductance Model
inductance
magnet

megger
motor
multimeter
ohmmeter
resistores
star connected
alternator

voltmeter
ammeter

wattmeter

COMPUTER PARTS
COMPUTER
MOUSE
KEY BOARD
SCREEN / MONITOR
FLASH DRIVE
TOWER
COMPACT DISC
LAPTOP
PRINTER
SCANNER
CARTRIDGES
WEB CAM

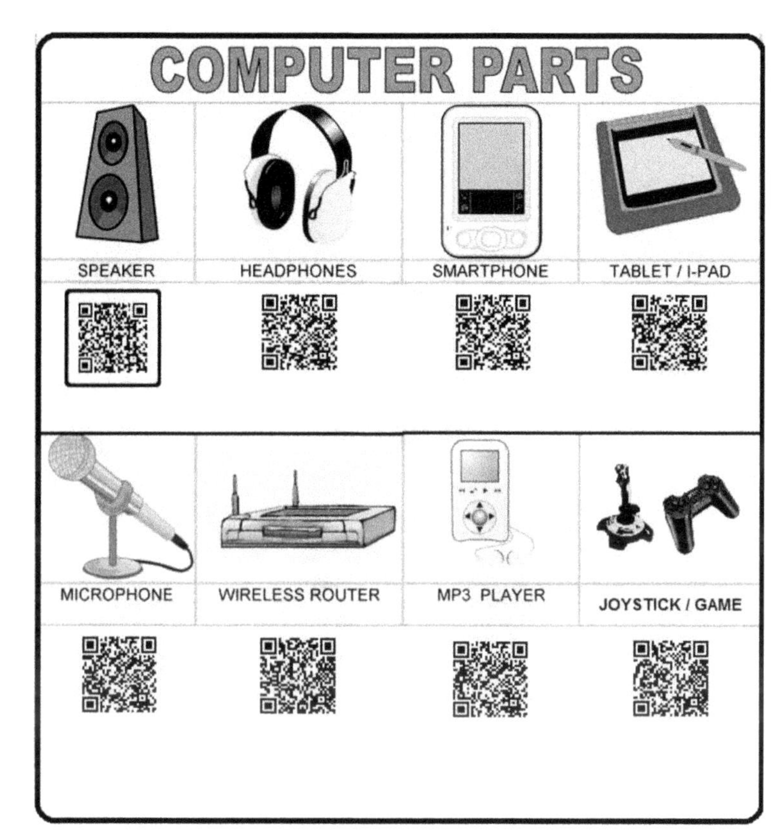
COMPUTER PARTS
SPEAKER
HEADPHONES
SMARTPHONE
TABLET / I-PAD
MICROPHONE
WIRELESS ROUTER
MP3 PLAYER
JOYSTICK / GAME

CPU
System Fan
Floppy
Heat Sink
Hard Drive
Power Supply
Optical Drive
Motherboard
Processors (CPU)
RAM Moduels
Computer CPU
Hardware Components

Motherboard Hardware Components

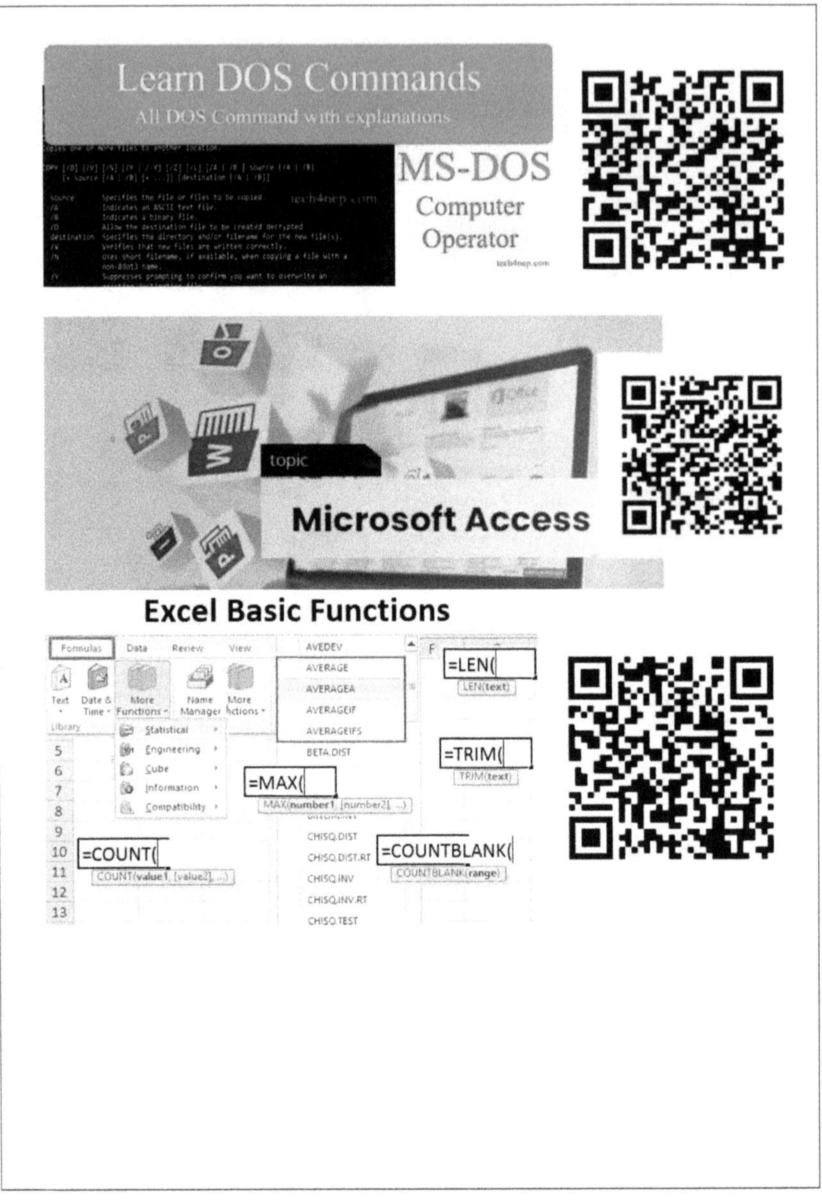
Learn DOS Commands
All DOS Command with explanations
MS-DOS
Computer
Operator
topic
Microsoft Access
Excel Basic Functions
=LEN(
LEN(text)
=TRIM(
TRIM(text)
=MAX(
MAX(number1, [number2], ...)
=COUNT(
COUNT(value1, [value2], ...)
=COUNTBLANK(
COUNTBLANK(range)

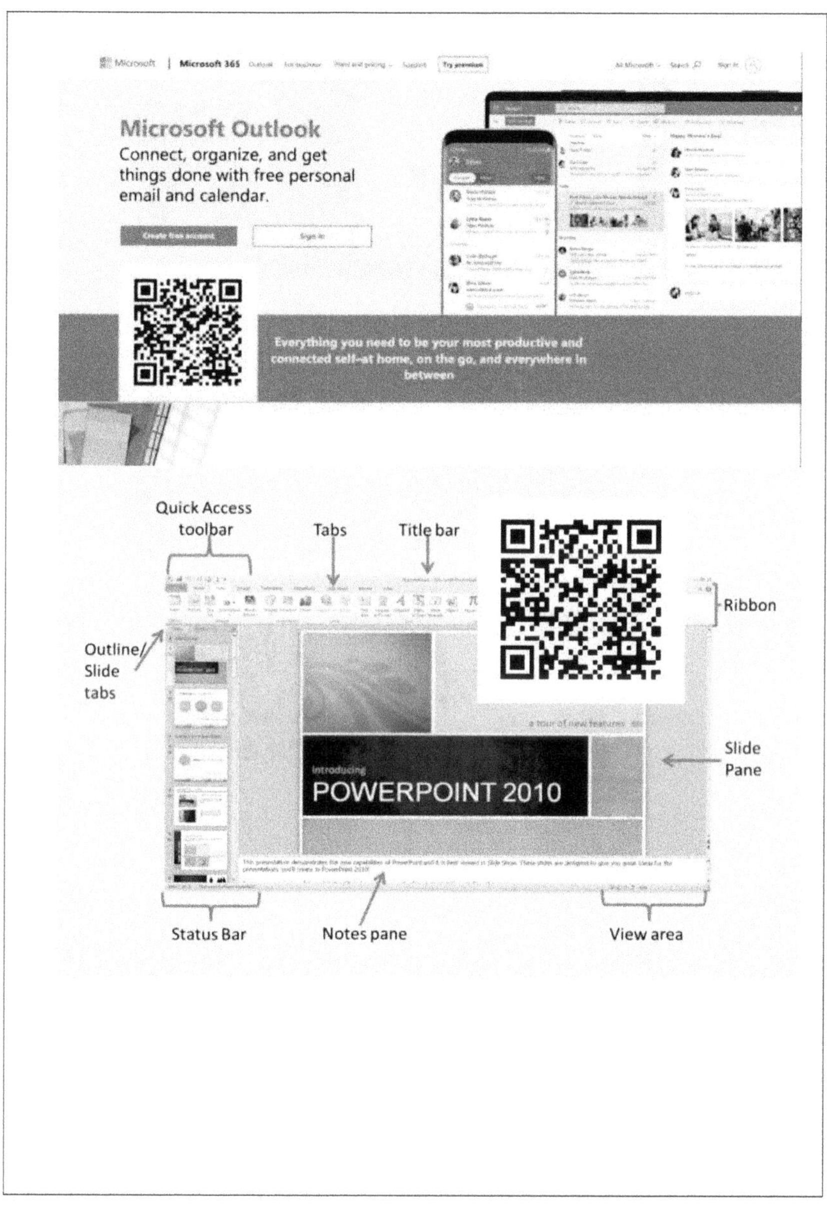
Microsoft
Microsoft 365
Try premium
Microsoft Outlook
Connect, organize, and get things done with free personal email and calendar.
Everything you need to be your most productive and connected self–at home, on the go, and everywhere in between
Quick Access toolbar
Tabs
Title bar
Ribbon
Outline/ Slide tabs
Introducing
POWERPOINT 2010
Slide Pane
Status Bar
Notes pane
View area

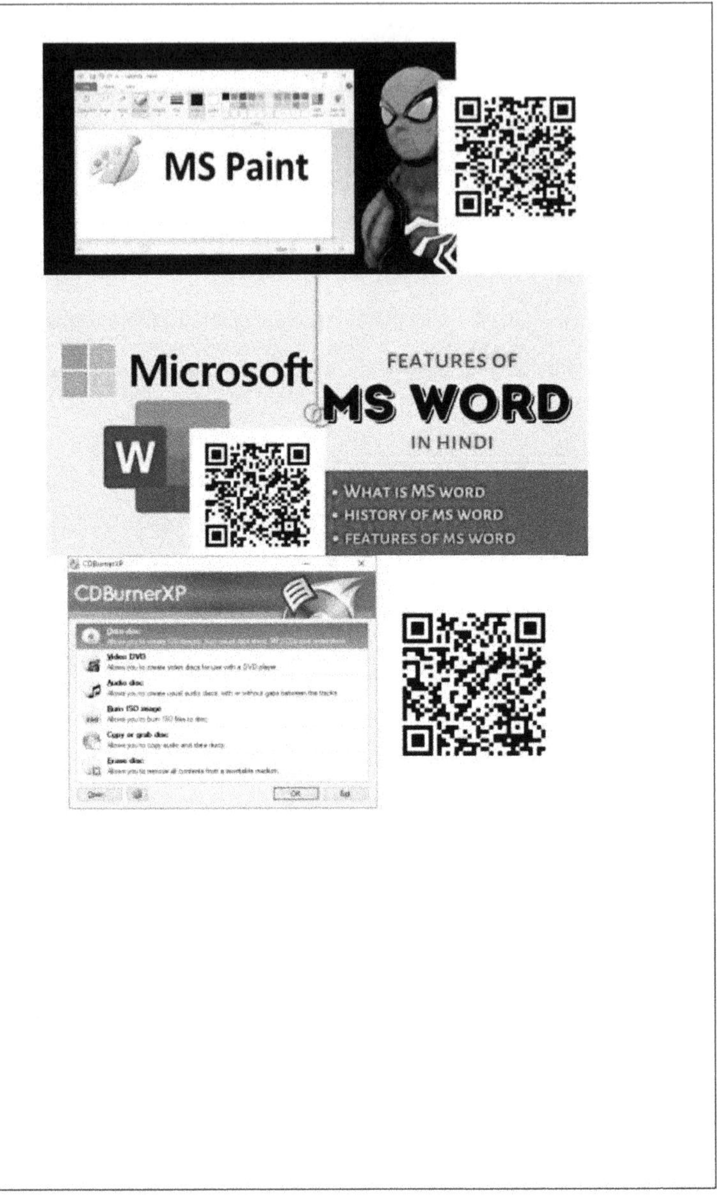
MS Paint
Microsoft
FEATURES OF
MS WORD
IN HINDI
• WHAT IS MS WORD
• HISTORY OF MS WORD
• FEATURES OF MS WORD
W
CDBurnerXP
Video DVD
Audio disc
Burn ISO image
Copy or grab disc
Erase disc
OK

DRIVER
ALLXPSOFT.COM
Top Linux OS
ZORIN OS
KALI
Software Installation
Windows98
Windows 2000
Windows XP
Windows Vista
Windows7
MICROSOFT
A [1

2

इन्फोर्मेशन & कम्युनिकेशन टेक्नोलोजी सिस्टीम मेंटेनन्स ICTSM प्रथम वर्ष हिंन्दी MCQ

एबीसी का मतलब --------------

ए] स्वचालित श्वास नियंत्रण

बी] स्वचालित रक्त नियंत्रण

सी] वायुमार्गश्वासपरिसंचरण

डी] स्वचालित रक्त परिसंचरण

fire extingusher Fire Extingusher

अग्निशामक: आग

3] "क्लास बी" की आग को बुझाने के लिए किस प्रकार के अग्निशामक यंत्र का उपयोग किया जाता है ....

ए] शुष्कशक्ति

बी] कार्बन डाइऑक्साइड

सी] पानी की जेट

डी] फोम प्रकार

4] सामान्य आग को बुझाने के लिए किस प्रकार के अग्निशामक यंत्र का उपयोग किया जाता है?

ए] जलप्रकारबुझानेवाला

बी] फोम प्रकार बुझाने वाला

सी] शुष्क रासायनिक पाउडर एक्सटिंगुइशर

डी] कार्बन डाइऑक्साइड (C02] बुझाने वाला)

5] रक्तस्राव के मामले में, उपचार करें .

डी] ठंडा 3" और आराम

ए] ठंडेपानीकाछिड़कावकरें

बी] तुरंत पट्टी -----।

बी] दुर्घटना के बारे में पूछताछ सोचा इलाज

safety workshop safety

6] दुर्घटना की स्थिति में पीड़ित को

ए] आराम करने के लिए कहा

सी] तुरंतभागलिया

डी] उसे छोड़ दो

7] प्राथमिक उपचार किसी घायल या बीमार व्यक्ति को प्राथमिक रूप से दिया जाता है....

ए] जीवन बचाओ

बी] मफ की और गिरावट को रोकें

सी] सर्वोत्तम संभव आराम दें

डी] येसभी

84] निम्नलिखित में से कौन सा अग्निशामक एक जीवित विद्युत आग के लिए उपयुक्त है?

ए] हेलोन

बी] पानी

सी] फोम

डी] तरलीकृत रसायन

85] एक हीटर 240V स्रोत से कनेक्ट होने पर 8A की धारा खींचता है] ओम में हीटर तत्व का प्रतिरोध मान क्या है?

ए] 40

बी] 20

सी] <u>30</u>

डी] 60

86] एक 80 ओम हीटिंग तत्व के साथ एक इलेक्ट्रिक सोल्डरिंग आयरन को 240V आउटलेट में प्लग किया जाता है] आयरन द्वारा कितनी धारा खींची जाएगी?

ए] 2ए

बी] <u>3ए</u>

सी] 4ए

डी] 5ए

87] एक कार में अल्टरनेटर 4A बचाता है और इसके टर्मिनलों में 3 ओम का भार जुड़ा होता है] सर्किट का वोल्टेज ज्ञात करें

ए] 18वी

बी] 24V

सी] <u>12वी</u>

डी] 16वी

88] 1K ओम, 2K ओम और 7K ओम के तीन प्रतिरोधक 30 V आपूर्ति के साथ श्रृंखला में जुड़े हुए हैं] यदि 2 K ओम और 7 K ओम प्रतिरोध खुले परिचालित हैं, तो 7K ओम रोकनेवाला से जुड़ा एक वोल्टमीटर इंगित करेगा ...

ए] 10 के ओम, 3ए

बी] 10 k ओम, 300mA

सी] <u>10 केओम, 3 एमए</u>

डी] 5 के ओम, 6 एमए

89] एक वोल्टेज स्रोत 20 ओम प्रतिरोध में 40V की एक IR ड्रॉप, 30 ओम प्रतिरोध में 60V और सभी श्रृंखला में 90 ओम प्रतिरोध में 180V का उत्पादन करता है] लागू वोल्टेज कितना है?

ए] 180 वी

बी] 240 वी

सी] 100 वी

डी <u>] 280 वी</u>

90] तीन प्रतिरोधक 27 ओम, 47 ओम और 68 ओम समानांतर में जुड़े हुए हैं] ओटल प्रतिरोध क्या है?

ए] <u>27 ओमसेकम</u>

बी] 68 ओम से अधिक

सी] 27 और 47 ओम के बीच

D] तीनों प्रतिरोधों का योग

91] एक मिलियन और एक मेगा ओम प्रतिरोधक हैं यदि दोनों को समानांतर में जोड़ा जाए, तो संयुक्त प्रतिरोध मान क्या होगा?

ए] <u>0.5 मेगाओम</u>

बी] 0.5 मिली ओम

सी] 0.5 किलो ओम

डी] 0.5 ओम

92] समानांतर में 24 ओम और 8 ओम के प्रतिरोधों का एक संयुक्त प्रतिरोध प्राप्त होता है...

ए] <u>6 ओम</u>

बी] 12 ओम

सी] 3 ओम

डी] 32 ओम

93] निम्नलिखित मानों के प्रतिरोधक समानांतर में जुड़े हुए हैं, 5 ओम, 5 किलो-ओम, 50 किलो-ओम, 5 मेगा ओम] उनका समकक्ष प्रतिरोध बहुत करीब होगा...

ए] <u>4.5 ओम</u>

बी] 4500 ओम

सी] 45000 ओम

डी] 4,500,000 ओम

94] दिए गए तार का प्रतिरोध 2 ओम है] उसी सामग्री से बने दूसरे तार का प्रतिरोध लंबाई से दुगुना और अनुप्रस्थ काट के क्षेत्रफल का दोगुना है...

ए] 5 ओम

बी] 6 ओम

सी <u>] 2 ओम</u>

डी] 8 ओम

95] यदि किसी दी गई लंबाई के धातु के तार का क्षेत्रफल दोगुना है, तो उसका प्रतिरोध होगा...

ए] दोगुना हो

बी] <u>आधाहो</u>

सी] वही रहें

डी] चार गुना अधिक हो

96]। निम्नलिखित में से केवल एक को प्रतिरोध तार माना जाता है

ए] सोना

बी] चांदी

सी] नाइक्रोम

डी] तांबा

97] आर्क हीटिंग तब होता है जब विपरीत ध्रुवता के इलेक्ट्रोड के बीच की हवा बन जाती है।

ए] सिक्त

बी] सूखा

सी] आयनित

डी] उपरोक्त में से कोई नहीं

98] भट्टी का तापमान मापने के लिए प्रयुक्त मीटर है...

ए] हाइड्रोमीटर

बी] पाइरोमीटर

सी] हाइग्रोमीटर

डी] टैकोमीटर

99] इलेक्ट्रोलाइट के मामले में तापमान में वृद्धि का कारण बनता है ...

ए] प्रतिरोधमेंकमी

बी] प्रतिरोध में वृद्धि

सी] प्रतिरोध में कोई बदलाव नहीं

डी] उपरोक्त में से कोई नहीं

100] एक चालक में विकसित ऊष्मा किसके समानुपाती होती है...

ए] शक्ति का वर्ग

बी] प्रतिरोध का वर्ग

C] धाराकावर्ग

डी] समय का वर्ग

101] नीचे दिए गए चार धातु/मिश्र धातुओं में से, तापमान परिवर्तन के प्रतिरोध में लगभग कोई बदलाव नहीं आया है...

एक निकेल

बी] नाइक्रोम

सी] प्लेटिनम

डी] मैंगनीन

102] वह पदार्थ जो चुम्बक द्वारा थोड़ा प्रतिकर्षित किया जाता है, कहलाता है...

ए] चुंबकीय

बी] पैरामैग्नेटिक

सी] प्रतिचुंबकीय

डी] लौहचुंबकीय

103] वह पदार्थ जिसे बहुत ही कम चुम्बकित किया जा सकता है, कहलाता है...

ए] चुंबकीय

बी] पैरामैग्नेटिक

सी] प्रतिचुंबकीय

डी] लौहचुंबकीय

104] वे पदार्थ जिन्हें आसानी से चुम्बकित किया जा सकता है और बहुत मजबूत चुम्बक बना सकते हैं, कहलाते हैं...

ए] लौहचुंबकीय

बी] प्रतिचुंबकीय

सी] पैरामैग्नेटिक

डी] स्थायी चुंबकीय

105] एक पदार्थ जिसमें उच्च प्रतिधारण क्षमता होती है, का उपयोग किसके निर्माण के लिए किया जा सकता है...

ए] विद्युत चुम्बक

बी] स्थायीचुंबक

सी] अस्थायी चुंबक

डी] पैरामैग्नेट

106] एक पदार्थ जिसमें कम धारण क्षमता होती है, का उपयोग किसके निर्माण के लिए किया जा सकता है...

ए] विद्युतचुम्बक

बी] स्थायी चुंबक

सी] बार चुंबक

डी] पैरामैग्नेट

107] अधिष्ठापन का प्रतीक है...

ए] हो

बी] मैं

सी] ली

डी] एक्स

108] ट्यूब लैंप चोक इसका सबसे अच्छा उदाहरण है...

ए] खुला परिचालित

बी] शॉर्टसर्किट

सी] ग्राउंडेड

डी] तटस्थ रेखा से जुड़ा

109] एक ट्यूब लाइट सर्किट में चोक का प्रारंभिक कार्य है...

ए] प्रारंभिक धारा को सीमित करें

बी] उच्चवोल्टेजप्रेरित

सी] फिलामेंट को गर्म करें

डी] चालू करने के बाद वर्तमान को सीमित करें

110] ट्यूब लाइट सर्किट में चोक का दूसरा कार्य है...

ए] प्रारंभिक धारा को सीमित करें

बी] उच्च वोल्टेज प्रेरित

सी] फिलामेंट को गर्म करें

डी] चालूकरनेकेबादवर्तमानकोसीमितकरें

111] एक तरंग का आवर्त समय 2ms है] आवृत्ति की गणना करें

ए] 50 हट्र्ज

बी] 5 हट्र्ज

सी] 500HZ

डी] 5 किलोहट्र्ज

112] 220 वोल्ट के प्रभावी मान के साथ साइन-वेव का शिखर आयाम कितना बड़ा है?

ए] 311 वी

बी] 380 वी

सी] 400 वी

डी] 440 वी

113] पीक-टू-पीक वोल्टेज 99V है] साइन वेव का प्रभावी मान कितना बड़ा है?

ए] 70 वी

बी] 44.5 वी

सी] 49.5 वी

डी] 35 वी

114] एक मूविंग कॉइल वाल्टमीटर 10 वी एसी पढ़ता है] प्रभावी वोल्टेज कितना बड़ा है?

एक उच्च

बी] निचला

सी] वही

डी] 10% अधिक

115] एक गतिमान लोहे का एमीटर 10 ए पढ़ता है] दोलन की चरम धारा कितनी बड़ी है?

ए] 7.07 ए

बी] 1.1414ए

सी] 70.7 ए

डी] 14.1 ए

116] 10 ओम के प्रतिरोध से 2 एम्पीयर की धारा प्रवाहित होती है] प्रतिरोध में बिखरी शक्ति बराबर होती है...

ए] 20 वाट

बी] 200 वाट

सी] 40 वाट

डी] 5 वाट

117] यदि वोल्टेज स्थिर रखते हुए आवृत्ति 50 एचजेड से 100 एचजेड में बदल जाती है, तो आपूर्ति से जुड़ी कॉइल की आगमनात्मक प्रतिक्रिया...

ए] वही रहता है

बी] आधा हो जाओ

C] दुगनाहोजाना

D] 4 गुना हो जाता है

118] समाई इससे प्रभावित नहीं होती...

ए] प्लेट क्षेत्र

बी] प्लेटों के बीच की दूरी

सी] द्वंद्वात्मक सामग्री

डी] आवृत्ति

119] संधारित्र की समाई प्रतिक्रिया भिन्न होती है...

ए] सीधे आवृत्ति के साथ

बी] आवृत्तिकेसाथविपरीत

सी] सीधे लागू वोल्टेज के साथ

डी] लागू वोल्टेज के विपरीत

120] एक संधारित्र ने 3 कूलम्ब आवेश प्राप्त किया जब उस पर 6 वोल्ट लगाए गए] इसकी समाई...

ए] 0.5 फैराड

बी] 3 फराद

सी] 3 फराद

डी] 18 फैराड

121] एक संधारित्र 200 वोल्ट एसी लाइन से जुड़ा है, इसकी न्यूनतम वोल्टेज रेटिंग होनी चाहिए...

ए] 100 वोल्ट

बी] 200 वोल्ट

सी] 300 वोल्ट

डी] 400 वोल्ट

122] एक ओममीटर के साथ संधारित्र का परीक्षण करते समय, मीटर कुछ प्रतिरोध को इंगित करता है] परीक्षण के तहत संधारित्र है...

ए] टपकाहुआ

बी] खुला

सी] अच्छा

डी] लघु

123] एक 80 माइक्रो फैराड संधारित्र के साथ श्रृंखला में जुड़े 40 माइक्रो फैराड संधारित्र की कुल धारिता है...

ए] 26.7 माइक्रोफैराड

बी] 40 माइक्रो फैराड

सी] 60.6 माइक्रो फैराड

डी] 120 माइक्रो फैराड

124] 3 माइक्रो फैराड कैपेसिटर के 1 माइक्रो फैराड कैपेसिटर प्राप्त करने के लिए हमें कनेक्ट करना होगा...

ए] सभी समानांतर में

बी] सभीश्रृंखलामें

सी] 2 श्रृंखला और समानांतर में एक

डी] उपरोक्त में से कोई नहीं

125] आर और सी वाले एसी श्रृंखला सर्किट में संधारित्र के माध्यम से बहने वाली धारा होगी...

ए] वोल्टेज को कम करना

बी] वोल्टेजअग्रणी

सी] वोल्टेज के साथ चरण में

डी] उपरोक्त में से कोई नहीं

126] यदि आरसी श्रृंखला सर्किट में आपूर्ति की आवृत्ति बढ़ा दी जाती है तो कैपेसिटिव रिएक्शन होगा

ए] कम

बी] वृद्धि हुई

सी] कोई प्रभाव नहीं होना

डी] उपरोक्त में से कोई नहीं

127] बिजली कंपनियां पावर फैक्टर में सुधार करने में रुचि रखती हैं

ए] लाइनकरंटकमकरें

बी] मोटर दक्षता में वृद्धि

C] वोल्ट-एम्पीयर बढ़ाएँ

डी] शक्ति में कमी

128] एक संधारित्र कनेक्ट होने पर एसी मोटर लोड के पावर फैक्टर मान को बढ़ाता है...

ए] मोटर के साथ श्रृंखला में

बी] स्टार्टर के साथ श्रृंखला में

सी] मोटरकेसमानांतर

डी] मुख्य घुमावदार के साथ श्रृंखला में

129] आम तौर पर, एक गरमागरम प्रकाश सर्किट का शक्ति कारक है ..

ए] 0

बी] 0.5

सी] 0.707

डी] 1.0

130] जब आरएलसी श्रृंखला सर्किट में करंट को निर्धारित करने के लिए अकेले प्रतिरोध का उपयोग किया जाता है, तो सर्किट होता है...

ए] एक आगमनात्मक सर्किट

बी] एक कैपेसिटिव सर्किट

सी] एक संयोजन सर्किट

डी] एकगुंजयमानसर्किट

131] आगमनात्मक प्रतिक्रिया का सीधा संबंध है..

ए] प्रतिरोध

बी] आवृत्ति

सी] समाई

डी] शक्ति

132] सिंक्रोनस मोटर जब पावर फैक्टर में सुधार के लिए इस्तेमाल किया जाना चाहिए...

ए] उत्साहित के तहत

बी] अतिउत्साहित

सी] भरी हुई

डी] बिना किसी भार के चल रहा है

133] एक RL समानांतर परिपथ में, कुल धारा के विरोध को कहा जाता है...

ए] प्रतिक्रिया

बी] प्रतिरोध

सी] एक वेक्टर योग

डी] प्रतिबाधा

134] एसी समानांतर आरएल सर्किट में, बिजली पर समाप्त हो जाती है

ए] प्रतिबाधा

बी] प्रतिरोध

सी] अधिष्ठापन

डी] समाई

135] कार्बन जिंक सेल का नाममात्र आउटपुट वोल्टेज कितना है?

ए] 12वी

बी] 1.5V

सी] 2.0 वी

डी] 2.2 वी

136] सेल श्रृंखला में जुड़े हुए हैं ..

ए] आउटपुटवोल्टेजबढ़ाएं

बी] आउटपुट वोल्टेज घटाता है

सी] आंतरिक प्रतिरोध कम करें

डी] वर्तमान क्षमता में वृद्धि

54137 कनेक्टेड इन

एक श्रृंखला

बी] समानांतर

सी] श्रृंखला-समानांतर

डी] समानांतर-श्रृंखला

138] एक सेल की क्षमता को में मापा जाता है

ए] वाट-घंटा

बी] वाट

सी] एम्पीयर

डी] एम्पीयर-घंटा

139] सबसे कम शेल्फ लाइफ वाली प्राथमिक सेल है

ए] कार्बन - जिंक

बी] क्षारीय

सी] पारा

डी] लिथियम

140] वह सेल जिसमें दिए गए वजन या आयतन के लिए बहुत अधिक ऊर्जा घनत्व होता है

ए] कार्बन-जिंक

बी] क्षारीय

सी] पारा

डी] लिथियम

141] एक 100-आह क्षमता की बैटरी को लगभग 8 ए का करंट देना चाहिए...

ए] 12 घंटे

बी] 8 घंटे

सी] 20 घंटे

डी] 100 एच

142] जब बैटरी को लंबे समय तक निष्क्रिय रखने की आवश्यकता होती है...

ए] बैटरी को ओवरचार्ज करें

बी] इलेक्ट्रोलाइट हटा दें

ग) प्लेटों को आसुत जल से साफ करें

डी] उन्हेंसुखाएंऔरबैटरीकोठंडीसूखीसाफजगहपरस्टोरकरें

143] निकेल आयरन सेल के सक्रिय पदार्थ हैं...

ए] निकल हाइड्रॉक्साइड

बी] चूर्ण लोहा और उसके ऑक्साइड

C] कास्टिक पोटाश का 21% घोल

डी] उपरोक्तसभीसामग्री

144] सेल की क्षमता को में मापा जाता है

ए] वाट घंटा

बी] वाट

सी] एम्पीयर

डी] एम्पीयर-घंटा

145] सेकेंडरी सेल को चार्ज करने के लिए इस्तेमाल किया जाने वाला सिस्टम है

ए] कम वोल्टेज एसी

बी] उच्च वोल्टेज एसी

सी] एसी

डी] डीसी

146] एक सामान्य औद्योगिक आपूर्ति प्रणाली में चरणों की संख्या कितनी होती है?

एक

बी] तीन

सी] चार

डी] दो

147] एक 3 फेज स्टार कनेक्टेड अल्टरनेटर में, कॉइल्स का फेज अंतर होता है...

ए] 120◦

बी] 240◦

सी] 60◦

डी] 360◦

148] डेल्टा कनेक्शन का उपयोग किया जाता है निम्नलिखित में से कोई नहीं

ए] ट्रांसमिशन लाइन ट्रांसफार्मर का प्राथमिक

बी] अल्टरनेटर वाइंडिंग

सी] वितरण ट्रांसफार्मर के माध्यमिक

डी] वितरणट्रांसफार्मरकाप्राथमिक

149] 3-फेज असंतुलित भार प्रणाली में शक्ति को मापने के लिए किस विधि का उपयोग किया जा सकता है?

ए] एक वाटमीटर विधि

बी] टोवाटमीटरविधि

सी] तीन वाटमीटर विधि

डी] तीन एमीटर विधि

150] तीन चरण, 3 तार प्रणाली में 3-हैज़ पावर को मापने के लिए दो वाटमीटर का उपयोग किया जा सकता है...

ए] संतुलित भार

बी] असंतुलित भार

सी] संतुलितऔरअसंतुलितभार

डी] संतुलित भार से बाहर

151] एक सिंगल वाटमीटर का उपयोग 3-चरण प्रणाली में शक्ति को मापने के लिए तभी किया जा सकता है जब भार हो..

ए] संतुलित

बी] असंतुलित

सी] संतुलित और असंतुलित भार

डी] निरंतर

152] एक संकेतक यंत्र में सूचक की गति उत्पन्न करने वाले बल को कहा जाता है...

ए] विक्षेपणबल

बी] नियंत्रण बल

सी] भिगोना बल

डी] विचलित करने वाला बल

153] एक स्थायी चुंबक गतिमान कुंडल यंत्र पढ़ेगा...

ए] केवल एसी मात्रा

बी] केवलडीसीमात्रा

सी] एसी और डीसी मात्रा दोनों

डी] स्पंदन मात्रा

154] गुरुत्वाकर्षण नियंत्रण का उपयोग करने वाला एक उपकरण सही ढंग से पढ़ेगा यदि इसका उपयोग किया जाता है ..

ए] केवललंबवतस्थिति

बी] केवल क्षैतिज स्थिति

सी] झुकाव स्थिति केवल

डी] कोई भी स्थिति

155] स्थायी चुंबक मूविंग कॉइल इंस्ट्रूमेंट में निम्नलिखित में से किस डंपिंग विधि का उपयोग किया जाता है?

ए] हवा भिगोना

बी] द्रव भिगोना

सी] वसंत भिगोना

डी] एड़ीवर्तमानभिगोना

156] मूविंग कॉइल इंस्ट्रूमेंट किसके प्रभाव पर काम करता है...

ए] रासायनिक प्रभाव

बी] ताप प्रभाव

सी] इलेक्ट्रोस्टैटिक प्रभाव

डी] विद्युतचुम्बकीयप्रभाव

157] विद्युत ऊर्जा मापने के लिए आपके घर में लगाया गया मीटर किसका उदाहरण है...

ए] संकेत प्रकार उपकरण

बी] रिकॉर्डिंग प्रकार उपकरण

सी] संकेतकेसाथ-साथरिकॉर्डिंगप्रकारकेउपकरण

डी] एकीकृत प्रकार के उपकरण

158]। स्थायी चुंबक के लिए निम्नलिखित में से कौन सी सामग्री पसंद की जाती है?

ए] अलनिको

बी] वाई-मिश्र धातु

सी] सिलिकॉन स्टील

डी] गढ़ा लोहा

159] जिस उपकरण को निरपेक्ष साधन के रूप में वर्गीकृत किया जा सकता है, वह है...

ए] मिली एमीटर

बी] माइक्रो एमीटर

सी] गैल्वेनोमीटर

डी] स्पर्शरेखागैल्वेनोमेर

160] गतिमान लोहे के उपकरण में आमतौर पर भिगोने की निम्नलिखित में से कौन सी विधि का उपयोग किया जाता है?

ए] एयरडंपिंग

बी] द्रव भिगोना

सी] एड़ी वर्तमान भिगोना

डी] चिपचिपापन भिगोना

161] एक गतिमान लोहे के उपकरण का विक्षेपक बलाघूर्ण सीधे आनुपातिक होता है ..

एक लहर

B] धाराकावर्ग

C] धारा का वर्गमूल

डी] वोल्टेज

162]निम्नलिखित में से किसका उपयोग सीधे माध्यम प्रतिरोध को मापने के लिए किया जाता है?

ए] एमीटर

बी] मेगर

सी] ओममीटर

डी] वाल्टमीटर

163] एक ओममीटर का उपयोग मापने के लिए किया जाता है...

ए] इन्सुलेशन प्रतिरोध

बी] प्रतिरोध

सी] वर्तमान

डी] संभावित अंतर

164] निम्नलिखित में से कौन सा घटक ओममीटर का हिस्सा नहीं है?

ए] निश्चित प्रतिरोधी

बी] परिवर्तनीय प्रतिरोधी

सी] संधारित्र

डी] बैटरी

165] शंट ओममीटर में, अधिकतम विक्षेपण दर्शाता है ..

ए] <u>अधिकतमप्रतिरोध</u>

बी] न्यूनतम प्रतिरोध

सी] मेगर में एक गलती

डी] इनमें से कोई नहीं

166]। एक अज्ञात डीसी वोल्टेज को मापा जाना है, आप पहले किस मापने की सीमा का चयन करेंगे?

ए] <u>500V</u>

बी] 50V

सी] 1.5 वी

डी] 0.5V

167]। माइक्रो एम्पीयर रेटिंग की एक अज्ञात प्रत्यक्ष धारा को मापा जाना है, आप पहले किस माप सीमा का चयन करेंगे?

ए] 20 माइक्रो amp

बी] 15 माइक्रो amp

सी] 150 माइक्रो amp

डी] <u>500 माइक्रो amp</u>

168] एक मल्टीमीटर माप नहीं सकता...

एक लहर

बी] संभावित अंतर

सी] सी <u>क्षमता</u>

डी] प्रतिरोध

169] डायनेमोमीटर प्रकार के मीटर का उपयोग मापने के लिए किया जाता है...

ए] केवल एसी मात्रा

बी] <u>केवलडीसीमात्रा</u>

सी] एसी और डीसी दोनों

डी] केवल एसी को स्पंदित करना

170] वाटमीटर में किस प्रभाव का प्रयोग किया जाता है?

ए] <u>इलेक्ट्रोडायनामिकप्रभाव</u>

बी] थर्मल प्रभाव

सी] रासायनिक प्रभाव

डी] इलेक्ट्रोस्टैटिक प्रभाव

171] नीचे सूचीबद्ध उपकरणों में से कौन एसी और डीसी दोनों में वाटमीटर के रूप में कुशलता से काम करता है?

ए] पीएमएमसी साधन

बी] डायनेमोमीटरउपकरण

सी] गर्म तार उपकरण

डी] एमआई उपकरण

172] इलेक्ट्रोडायनामिक प्रकार के उपकरण आमतौर पर माप के लिए उपयोग किए जाते हैं...

ए] वोल्टेज

बी] वर्तमान

सी] प्रतिरोध डी]

173] जब ऊर्जा मीटर के फेज और न्यूट्रल को आपस में बदल दिया जाता है, तो इसकी डिस्क...

ए] विपरीतदिशामेंघूमताहै

बी] सही दिशा में घूमता है

सी] रुक जाएगा

डी] धीरे-धीरे घूमता है

ई] उच्च गति से घूमता है

174] जब ऊर्जा मीटर की डिस्क बिना किसी लोड को जोड़े भी घूम रही हो, तो त्रुटि कहलाती है

ए] रेंगनेवालीत्रुटि

बी] चरण त्रुटि

सी] घर्षण त्रुटि

डी] तापमान त्रुटि

175] एसी सिंगल फेज एनर्जी मीटर की इकाई में ऊर्जा रिकॉर्ड करते हैं...

ए] किलोवाटघंटे

बी] हजारों डिस्क रोटेशन की संख्या

सी] वोल्ट एम्पीयर

डी] किलो वोल्ट एम्पीयर

176] एक मेगर प्रतिरोध को मापता है...

ए] ओहम्सो

बी] सैकड़ों ओम

सी] हजारों ओम

डी] लाखोंओम

177] एक मेगर को विशेष रूप से मापने के लिए डिज़ाइन किया गया है।

ए] बहुतउच्चप्रतिरोध

बी] बहुत कम प्रतिरोध

सी] बिजली लाइनों में जमीनी दोष

डी] डीसी मोटर्स पर अधिक भार

178] पाइप अर्थिंग के लिए स्टील पाइप के जस्ती लोहे के न्यूनतम आंतरिक व्यास की आवश्यकता है...

ए] 12.5 मिमी

बी] 16 मिमी

सी] 3.5 मिमी

डी] 4 एम

179] पृथ्वी कंडक्टर जमीन के लिए एक मार्ग प्रदान करता है ..

ए] लीकेजकरंट

बी] वर्तमान से अधिक

सी] उच्च वोल्टेज

डी] सर्किट वर्तमान

180] यदि सर्किट कॉपर कंडक्टर का आकार 10 वर्ग-मिमी है तो जीआई में पृथ्वी कंडक्टर का आकार] तार होना चाहिए...

ए] 1.5 वर्ग मिमी

बी] 2.5 वर्ग मिमी

सी] 5 वर्गमिमी

डी] 10 वर्ग मिमी

181] एक कैलोरी बराबर होती है,,,

ए] 4187 जूल

बी] 418.7 जूल

सी] 41.87 जूल

डी] 4.187 जूल

182] नंगे हीटिंग तत्व के साथ विद्युत स्टोव की ऑपरेटिंग तापमान सीमा है...

ए] 300◦ से 400◦C

बी] 500◦ से 600◦C

सी] 550◦ से 900◦C

डी] 1100◦ से 1300◦C

183] कौन सा उपकरण विद्युत धारा के ताप प्रभाव पर कार्य करता है?

ए] गरमागरम दीपक

बी] द्विधातु थर्मोस्टेट

सी] एचआरसी फ्यूज

डी] टोस्टर

184] 500◦C पर 1000 वाट, 230V हीटर के ताप तत्व के लिए नाइक्रोम तार का आकार क्या है?

ए] 18 एसडब्ल्यूजी

बी] 20 एसडब्ल्यूजी

सी] 24 एसडब्ल्यूजी

डी] 25 एसडब्ल्यूजी

185] हीटर बेस के लिए उपयोग की जाने वाली हीट प्रूफ इंसुलेटिंग सामग्री है...

ए] अभ्रक

बी] चीनीमिट्टीकेबरतन

सी] अभ्रक

डी] कांच ऊन

186]। एक स्वचालित बिजली के लोहे का तापमान विनियमन घटक है...

ए] हीटिंग तत्व

बी] थर्मोस्टेट

सी] एकमात्र प्लेट

डी] दबाव प्लेट

187]। ब्रेड टोस्टिंग क्षेत्र का तापमान लगभग...

ए] 400◦सी

बी] 800◦सी

सी] 260◦सी

डी] 975◦सी

188] यदि कोई वाइंडिंग मिक्सर मोटर के मेटल केस के साथ विद्युत संपर्क बनाती है तो वाइंडिंग...

ए] ग्राउंडेड

बी] खुला परिचालित

सी] शॉर्ट सर्किट

डी] ढीला जुड़ा हुआ

189] यदि रोटर का अंतिम शाफ्ट नीला हो जाता है, तो यह इस बात का संकेत है कि...

ए] स्कोरिंग

बी] ओवरहीटिंग

सी] ठंड

डी] बुरिंग

190] खाद्य मिक्सर में किस प्रकार की मोटर का उपयोग किया जाता है?

ए] डीसी शंट मोटर

बी] यूनिवर्सलमोटर

सी] कैपेसिटर स्टार्ट मोटर

डी] कैपेसिटर स्टार्ट और रन मोटर

191] अधिकांश मिक्सर में मोटर किस स्थिति में लगी होती है?

ए] लंबवत

बी] क्षैतिज

सी] झुका हुआ

डी] समानांतर

1. शक्ति का SI मात्रक है

(ए) हेनरी

(बी) कूलम्ब

(सी) वाट

(डी) वाट-घंटा

2. विद्युत दाब को भी कहते हैं

(ए) प्रतिरोध

(बी) शक्ति

(सी) वोल्टेज

(डी) ऊर्जा

3. वे पदार्थ जिनमें बड़ी संख्या में मुक्त इलेक्ट्रॉन होते हैं और कम प्रदान करते हैं प्रतिरोध कहा जाता है

(ए) इन्सुलेटर

(बी) प्रेरक

(सी) अर्ध-चालक

(डी) कंडक्टर

4. निम्नलिखित में से कौन खराब कंडक्टर नहीं है?

(ए) कच्चा लोहा

(बी) कॉपर

(सी) कार्बन

(डी) टंगस्टन

5. निम्नलिखित में से कौन एक इन्सुलेट सामग्री है?

(ए) कॉपर

(बी) सोना

(सी) चांदी

(डी) पेपर

6. किसी चालक का वह गुण जिसके कारण वह धारा प्रवाहित करता है, कहलाता है

(ए) प्रतिरोध

(बी) अनिच्छा

(सी) चालन

(डी) अधिष्ठापन

7. चालकता का पारस्परिक है

(ए) प्रतिरोध

(बी) अधिष्ठापन

(सी) अनिच्छा

(डी) समाई

8. किसी चालक का प्रतिरोध व्युत्क्रमानुपाती होता है:

(ए) लंबाई

(बी) क्रॉस-सेक्शनकाक्षेत्र

(सी) तापमान

(डी) प्रतिरोधकता

9. तापमान में वृद्धि के साथ शुद्ध धातुओं का प्रतिरोध

(ए) बढ़ताहै

(बी) घटता है

(सी) पहले बढ़ता है और फिर घटता है

(डी) स्थिर रहता है

10. तापमान में वृद्धि के साथ अर्धचालकों का प्रतिरोध

(ए) घटताहै

(बी) बढ़ता है

(सी) पहले बढ़ता है और फिर घटता है

(डी) स्थिर रहता है

11. 200 मीटर लंबे तांबे के तार का प्रतिरोध 21 है। यदि इसकी मोटाई (व्यास) 0.44 मिमी है, इसका विशिष्ट प्रतिरोध लगभग है

(ए) 1.2 x 10 ~ 8 क्यूएम

(बी) 1.4 x 10 ~ 8 क्यूएम

(सी) 1.6 x 10""8 क्यूएम

(डी) 1.8 x 10"8 क्यूएम

13. विद्युत धारा का पता लगाने वाले उपकरण को कहा जाता है

(ए) वाल्टमीटर

(बी) रिओस्तात

(सी) वाटमीटर

(डी) गैल्वेनोमीटर

14. एक परिपथ में एक 33 Q रोकनेवाला 2 A की धारा वहन करता है। प्रतिरोधक के आर-पार वोल्टेज है

(ए) 33 वी

(बी) 66 वी

(सी) 80 वी

(डी) 132 वी

15. एक प्रकाश बल्ब 300 mA खींचता है जब उसके आर-पार वोल्टेज 240 V होता है। प्रकाश बल्ब का प्रतिरोध होता है

(ए) 400 क्यू

(बी) 600 क्यू

(सी) 800 क्यू

(डी) 1000 क्यू

16. दो शाखाओं वाले समानांतर परिपथ का प्रतिरोध 12 ओम है। यदि एक शाखा का प्रतिरोध 18 ओम है, तो दूसरी शाखा का प्रतिरोध क्या है?

(ए) 18 क्यू

(बी) 36 क्यू

(सी) 48 क्यू

(डी) 64 क्यू

17. समान सामग्री के चार तार, समान अनुप्रस्थ काट का क्षेत्रफल और समान लंबाई के समानांतर में जुड़े होने पर 0.25 Q का प्रतिरोध देते हैं। यदि समान चार तारों को श्रृंखला में जोड़ा जाता है तो प्रभावी प्रतिरोध होगा

(ए) 1 क्यू

(बी) 2 क्यू

(सी) 3 क्यू

(डी) 4 क्यू

18. 16 एम्पियर की धारा दो शाखाओं के बीच क्रमशः 8 ओम और 12 ओम प्रतिरोधों के समानांतर विभाजित होती है। प्रत्येक शाखा में करंट है

(ए) 6.4 ए, 6.9 ए

(बी) 6.4 ए, 9.6 ए

(सी) 4.6 ए, 6.9 ए

(डी) 4.6 ए, 9.6 ए

19. तांबे के कंडक्टर के माध्यम से वर्तमान वेग है

(ए) विद्युत ऊर्जा के प्रसार वेग के समान

(बी) वर्तमान ताकत से स्वतंत्र

(सी) कुछ ^.s/m . केक्रमके

(डी) लगभग 3 x 108 मी/से

20. निम्नलिखित में से किस सामग्री में प्रतिरोध का लगभग शून्य तापमान गुणांक है?

(ए) मैंगनीन

(बी) चीनी मिट्टी के बरतन

(सी) कार्बन

(डी) कॉपर

21. आपको रेडियो में 1500 क्यू रेसिस्टर को बदलना होगा। आपके पास 1500 क्यू रोकनेवाला नहीं है, लेकिन कई 1000 क्यू हैं जिन्हें आप कनेक्ट करेंगे

(ए) समानांतर में दो

(बी) समानांतरमेंदोऔरश्रृंखलामेंएक

(सी) समानांतर में तीन

(डी) श्रृंखला में तीन

22. दो प्रतिरोधकों को श्रेणीक्रम में संयोजित कहा जाता है, जब

(ए) एकहीवर्तमानदोनोंकेमाध्यमसेबारी-बारीसेगुजरताहै

(बी) दोनों वर्तमान का एक ही मूल्य ले जाते हैं

(सी) कुल धारा शाखा धाराओं के योग के बराबर होती है

(डी) आईआर बूंदों का योग लागू ईएमएफ के बराबर होता है

23. निम्नलिखित में से कौन सा कथन एक श्रृंखला और एक समानांतर डीसी सर्किट दोनों के लिए सही है?

(ए) तत्वों में अलग-अलग धाराएं होती हैं

(बी) धाराएं योगात्मक हैं

(सी) वोल्टेज योजक हैं

(डी) पावरएडिटिवहैं

24. निम्नलिखित में से किस सामग्री में प्रतिरोध का नकारात्मक तापमान गुणांक है?

(ए) कॉपर

(बी) एल्यूमिनियम

(सी) कार्बन

(डी) पीतल

25. ओम का नियम लागू नहीं होता

(ए) वैक्यूमट्यूब

(बी) कार्बन प्रतिरोधी

(सी) उच्च वोल्टेज सर्किट

(डी) कम वर्तमान घनत्व वाले सर्किट

26. बिजली का सबसे अच्छा कंडक्टर कौन सा है?

(ए) लोहा

(बी) चांदी

(सी) कॉपर

(डी) कार्बन

27. निम्नलिखित में से किसके लिए 'एम्पीयर सेकेंड' इकाई हो सकती है?

(ए) अनिच्छा

(बी) चार्ज

(सी) पावर

(डी) ऊर्जा

28. निम्नलिखित में से सभी वाट के तुल्य हैं सिवाय

(ए) (एम्पीयर) ओम

(बी) जूल/सेकंड।

(सी) एम्पीयर एक्स वोल्ट

(डी) एम्पीयर / वोल्ट

29. 10 ओम, 10 W रेटिंग वाले प्रतिरोध के a . होने की संभावना है

(ए) धातु प्रतिरोधी

(बी) कार्बन प्रतिरोधी

(सी) तारघावप्रतिरोधी

(डी) परिवर्तनीय प्रतिरोधी

30. निम्नलिखित में से किसमें ऋणात्मक ताप गुणांक नहीं है ?

(ए) एल्यूमिनियम

(बी) पेपर

(सी) रबड़

(डी) मीका

31. Varistors हैं

(ए) इन्सुलेटर

(6) अरैखिकप्रतिरोधक

(सी) कार्बन प्रतिरोधी

(डी) शून्य तापमान गुणांक वाले प्रतिरोधी

32. इन्सुलेट सामग्री का कार्य है

(ए) तारों के संचालन के बीच शॉर्ट सर्किट को रोकना
(बी) वोल्टेजस्रोतऔरलोडकेबीचएकखुलेसर्किटकोरोकना
(सी) बहुत बड़ी धाराओं का संचालन
(डी) बहुत अधिक धाराओं का भंडारण
33. फ्यूज तार की रेटिंग हमेशा व्यक्त की जाती है
(ए) एम्पीयर-घंटे
(बी) एम्पीयर-वोल्ट
(सी) केडब्ल्यूएच
(डी) एम्पीयर
34. एक आयन पर न्यूनतम आवेश होता है
(ए) परमाणु की परमाणु संख्या के बराबर
(बी) एकइलेक्ट्रॉनकेप्रभारकेबराबर
(c) एक परमाणु में इलेक्ट्रॉनों की संख्या के आवेश के बराबर (#) शून्य
35. असमान प्रतिरोध वाले श्रेणी परिपथ में
(ए) उच्चतम प्रतिरोध में इसके माध्यम से सबसे अधिक धारा होती है
(बी) सबसे कम प्रतिरोध में उच्चतम वोल्टेज ड्रॉप होता है
(सी) सबसे कम प्रतिरोध में उच्चतम वर्तमान है
(डी) उच्चतमप्रतिरोधमेंउच्चतमवोल्टेजड्रॉपहोताहै
36. बिजली के बल्ब का फिलामेंट बना होता है
(ए) कार्बन
(बी) एल्यूमीनियम
(सी) टंगस्टन
(डी) निकल
37. एक 3 क्यू रोकनेवाला जिसमें 2 ए करंट होता है, की शक्ति को समाप्त कर देगा
(ए) 2 वाट
(बी) 4 वाट
(सी) 6 वाट
(डी) 8 वाट
38. निम्नलिखित में से कौन सा कथन सत्य है?
(ए) समानांतर में कम प्रतिरोध वाला गैल्वेनोमीटर एक वोल्टमीटर है
(बी) समानांतर में उच्च प्रतिरोध वाला गैल्वेनोमीटर एक वोल्टमीटर है
(सी) श्रृंखलामेंएकगैल्वेनोमीटरप्रतिरोधनिम्नकेसाथएकएमीटरहै
(डी) श्रृंखला में उच्च प्रतिरोध वाला गैल्वेनोमीटर एक एमीटर है
39. बंद विद्युत परिपथ में तार कंडक्टर के कुछ मीटर का प्रतिरोध है

(ए) व्यावहारिकरूपसेशून्य

(फुंक मारा

(सी) उच्च

(डी) बहुत अधिक

40. यदि मेन लाइन में एक समानांतर सर्किट खोला जाता है, तो करंट

(ए) सबसे कम प्रतिरोध की शाखा में बढ़ता है

(बी) प्रत्येक शाखा में बढ़ता है

(सी) सभीशाखाओंमेंशून्यहै

(डी) उच्चतम प्रतिरोधी शाखा में शून्य है

41. यदि 0.2 ओम प्रतिरोध वाले तार के चालक की लंबाई दोगुनी कर दी जाए, तो उसका प्रतिरोध हो जाता है

(ए) 0.4 ओम

(बी) 0.6 ओम

(सी) 0.8 ओम

(डी) 1.0 ओम

42. 60 वोल्ट की विद्युत लाइन के आर-पार तीन 60 वाट के बल्ब समानांतर में हैं। अगर एक बल्ब खुला जलता है

(ए) मुख्य लाइन में भारी धारा होगी

(बी) शेष दो बल्ब नहीं जलेंगे

(c) तीनों बल्ब जलेंगे

(डी) अन्यदोबल्बप्रकाशकरेंगे

43. 40 W के चार बल्ब श्रृंखला में जुड़े हुए हैं, उनके बीच एक बैटरी तेज है, निम्नलिखित में से कौन सा कथन सत्य है?

(ए) एक हीमेंप्रत्येकबल्बकेमाध्यमसेवर्तमान

(बी) प्रत्येक बल्ब में वोल्टेज समान नहीं है

(सी) प्रत्येक बल्ब में बिजली अपव्यय समान नहीं है

(डी) उपरोक्त में से कोई नहीं

44. दो प्रतिरोध Rl और Ri श्रृंखला में वोल्टेज स्रोत में जुड़े हुए हैं जहां Rl>Ri। सबसे बड़ी गिरावट पार होगी

(ए) आरएलई

(बी) री

(सी) या तो आरएल या री

(डी) उनमें से कोई नहीं

46. एक बंद स्विच में का प्रतिरोध होता है

(ए) शून्य
(बी) लगभग 50 ओम
(सी) लगभग 500 ओम
(डी) अनंत

47. बल्ब के फिलामेंट का गर्म प्रतिरोध उसके ठंडे प्रतिरोध से अधिक है क्योंकि फिलामेंट का तापमान गुणांक है

(ए) शून्य
(बी) नकारात्मक
(सी) सकारात्मक
(डी) लगभग 2 ओम प्रति डिग्री

49. करंट ले जाने वाले कंडक्टर पर इंसुलेशन प्रदान किया जाता है

(ए) वर्तमान के रिसाव को रोकने के लिए
(बी) सदमे को रोकने के लिए
(सी) उपरोक्तदोनोंकारक
(डी) उपरोक्त कारकों में से कोई नहीं

50. कंडक्टर पर प्रदान किए गए इन्सुलेशन की मोटाई निर्भर करती है

(ए) कंडक्टरपरवोल्टेजकापरिमाण
(बी) इसके माध्यम से बहने वाली धारा का परिमाण
(सी) दोनों (ए) और (बी)
(डी) उपरोक्त में से कोई नहीं

51. निम्नलिखित में से कौन सी मात्रा एक श्रृंखला सर्किट के सभी भागों में समान रहती है?

(ए) वोल्टेज
(बी) वर्तमान
(सी) पावर
(डी) प्रतिरोध

52. एक 40 W बल्ब को एक रूम हीटर के साथ श्रेणीक्रम में जोड़ा गया है। यदि अब 40 वाट के बल्ब को 100 वाट के बल्ब से बदल दिया जाए, तो हीटर का उत्पादन होगा

(कमी होना
(बी) वृद्धि
(सी) वही रहें
(डी) हीटर जल जाएगा

53. एक इलेक्ट्रिक केतली में पानी 10 मीटर मिनट में उबलता है। बॉयलर को 15 मिनट में उबालना आवश्यक है, उसी आपूर्ति साधन का उपयोग करके

(ए) हीटिंगतत्वकीलंबाईकमकीजानीचाहिए

(बी) हीटिंग तत्व की लंबाई बढ़ाई जानी चाहिए

(सी) हीटिंग तत्व की लंबाई का पानी पर हीटिंग पर कोई प्रभाव नहीं पड़ता है

(डी) उपरोक्त में से कोई नहीं

54. एक विद्युत फिलामेंट बल्ब से काम किया जा सकता है

(ए) डीसी आपूर्ति केवल

(बी) एसी आपूर्ति केवल

(सी) केवल बैटरी की आपूर्ति

(डी) उपरोक्तसभी

55. लागू वोल्टेज बढ़ने पर टंगस्टन लैंप का प्रतिरोध

(ए) घटता है

(बी) बढ़ताहै

(सी) वही रहता है

(डी) उपरोक्त में से कोई नहीं

56. परिपथ से गुजरने वाली विद्युत धारा उत्पन्न करती है

(ए) चुंबकीय प्रभाव

(बी) चमकदार प्रभाव

(सी) थर्मलप्रभाव

(डी) रासायनिक प्रभाव

(ई) सभी उपरोक्त प्रभाव

57. किसी पदार्थ का प्रतिरोध हमेशा घटता है यदि

(ए) सामग्री का तापमान कम हो जाता है

(6) सामग्री का तापमान बढ़ जाता है

(सी) उपलब्ध मुक्त इलेक्ट्रॉनों की संख्या अधिक हो जाती है

(डी) उपरोक्त में से कोई भी सही नहीं है

58. यदि किसी मशीन की दक्षता अधिक हो तो निम्न क्या होना चाहिए ?

(ए) इनपुट पावर

(बी) नुकसान

(सी) शक्ति का सही घटक

(डी) किलोवाट खपत

(ई) आउटपुट से इनपुट का अनुपात

59. जब किसी धात्विक चालक से विद्युत धारा प्रवाहित होती है तो उसका ताप बढ़ जाता है। इसका कारण है

(ए) चालनइलेक्ट्रॉनोंऔरपरमाणुओंकेबीचटकराव

(बी) मूल परमाणुओं से चालन इलेक्ट्रॉनों की रिहाई

(सी) धातु परमाणुओं के बीच आपसी टकराव

(डी) इलेक्ट्रॉनों के संचालन के बीच पारस्परिक टकराव

60. 250 वोल्ट पर रेटेड 500 डब्ल्यू और 200 डब्ल्यू के दो बल्बों का प्रतिरोध अनुपात होगा:

(ए) 4: 25

(बी) 25: 4

(सी) 2: 5

(डी) 5: 2

61. एक कांच की छड़ को रेशमी कपड़े से रगड़ने पर आवेशित होता है क्योंकि

(ए) यह प्रोटॉन में लेता है

(बी) इसके परमाणु हटा दिए जाते हैं

(सी) यहइलेक्ट्रॉनोंकोदूरकरताहै

(डी) यह सकारात्मक चार्ज देता है

62. क्या सर्किट एसी हो सकता है। या डीसी वन, निम्नलिखित में सबसे प्रभावी है वर्तमान के परिमाण को कम करना।

(ए) रिएक्टर

(बी) संधारित्र

(सी) प्रारंभ करनेवाला

(डी) प्रतिरोधी

63. इसे हटाना अधिक कठिन हो जाता है

(ए) कक्षा से कोई भी इलेक्ट्रॉन

(6) कक्षा से पहला इलेक्ट्रॉन

(सी) कक्षा से दूसरा इलेक्ट्रॉन

(डी) कक्षासेतीसराइलेक्ट्रॉन

64. जब समानांतर परिपथ का एक पैर खोला जाता है तो कुल धारा वसीयत होगी

(ए) कम करें

(बी) वृद्धि

(सी) कमी

(डी) शून्य बनो

65. एक लैम्प लोड में जब कुल प्रतिरोध पर एक से अधिक लैम्प स्विच किए जाते हैं भार का

(ए) बढ़ता है

(बी) घटताहै

(सी) वही रहता है

(डी) उपरोक्त में से कोई नहीं

66. दो लैंप 100 W और 40 W 230 V . के आर-पार श्रृंखला में जुड़े हुए हैं
(वैकल्पिक)।

निम्नलिखित में से कौन सा कथन सही है?

(ए) 100 डब्ल्यू लैंप तेज चमकेगा

(बी) 40 डब्ल्यूलैंपतेजचमकेंगे

(सी) दोनों दीपक समान रूप से उज्ज्वल चमकेंगे

(डी) 40 डब्ल्यू दीपक फ्यूज हो जाएगा

67. 220 V, 100 W लैम्प का प्रतिरोध होगा

(ए) 4.84 क्यू

(बी) 48.4 क्यू

(सी) 484 फीट

(डी) 4840 क्यू

68. प्रत्यक्ष धारा के मामले में

(ए) वर्तमानकीपरिमाणऔरदिशास्थिररहतीहै

(बी) समय के साथ वर्तमान परिवर्तनों की परिमाण और दिशा

(सी) समय के साथ वर्तमान परिवर्तनों का परिमाण

(डी) वर्तमान का परिमाण स्थिर रहता है

69. जब विद्युत धारा पानी से भरी बाल्टी से गुजरती है, तो बहुत अधिक बुदबुदाहट होती है

देखा। इससे पता चलता है कि आपूर्ति का प्रकार है

(ए) एसी

(बी) डीसी

(सी) उपरोक्त दो में से कोई भी

(डी) उपरोक्त में से कोई नहीं

70. लागू वोल्टेज बढ़ने पर कार्बन फिलामेंट लैंप का प्रतिरोध।

(ए) बढ़ता है

(बी) घटताहै

(सी) वही रहता है

(डी) उपरोक्त में से कोई नहीं

71. स्ट्रीट लाइटिंग में बल्ब सभी जुड़े हुए हैं

(ए) समानांतर

(बी) श्रृंखला

(सी) श्रृंखला-समानांतर

(डी) एंड-टू-एंड

72. परीक्षण उपकरणों के लिए, परीक्षण लैंप की वाट क्षमता होनी चाहिए

(ए) बहुत कम

(फुंक मारा

(सी) उच्च

(डी) कोई मूल्य

73. घर में दीपक जलाने से रेडियो में ध्वनि उत्पन्न होती है। ऐसा इसलिए है क्योंकि स्विचिंग ऑपरेशन उत्पन्न करता है

(ए) संपर्कोंकोअलगकरनेमेंचाप

(बी) उच्च तीव्रता का यांत्रिक शोर

(सी) संपर्कों के बीच यांत्रिक शोर और चाप दोनों

(डी) उपरोक्त में से कोई नहीं

74. स्पार्किंग तब होती है जब एक लोड बंद हो जाता है क्योंकि सर्किट उच्च होता है

(ए) प्रतिरोध

(बी) अधिष्ठापन

(सी) समाई

(डी) प्रतिबाधा

75. निश्चित लंबाई और प्रतिरोध के तांबे के तार को तीन गुना तक खींचा जाता है लंबाई में परिवर्तन के बिना तार का नया प्रतिरोध बन जाता है

(ए) 1/9 बार

(बी) 3 बार

(सी) 9 बार

(डी) अपरिवर्तित

76. जब एक हीटर का प्रतिरोध तत्व फ्यूज हो जाता है और फिर हम उसके एक हिस्से को हटाकर इसे फिर से जोड़ देते हैं, तो हीटर की शक्ति होगी

(कमी होना

(बी) वृद्धि

(सी) स्थिर रहो

(डी) उपरोक्त में से कोई नहीं

77. बल का एक क्षेत्र केवल के बीच मौजूद हो सकता है

(ए) दो अणु

(बी) दोआयन

(सी) दो परमाणु

(डी) दो धातु कण

78. एक पदार्थ जिसके अणुओं में असमान परमाणु होते हैं, कहलाते हैं

(ए) अर्ध-कंडक्टर

(बी) सुपर-कंडक्टो

(सी) यौगिक

(डी) इन्सुलेटर

79. अंतर्राष्ट्रीय ओम को के प्रतिरोध के रूप में परिभाषित किया गया है

(ए) पाराकाएकस्तंभ

(बी) कार्बन का एक घन

(सी) तांबे का घन

(डी) तार की इकाई लंबाई

80. तीन समान प्रतिरोधक पहले समानांतर में और फिर श्रृंखला में जुड़े हुए हैं। पहले संयोजन का दूसरे संयोजन का परिणामी प्रतिरोध होगा

(ए) 9 गुना

(बी) 1/9 बार

(सी) 1/3 बार

(डी) 3 बार

91. प्रतिरोधों के पूर्ण माप के लिए किस विधि का उपयोग किया जा सकता है?

(ए) लोरेंत्ज़ विधि

(बी) रिले विधि

(सी) ओम की कानून विधि

(डी) व्हीटस्टोनब्रिजविधि

92. त्रिभुज बनाने के लिए तीन 6 ओम प्रतिरोधक जुड़े हुए हैं। किन्हीं दो कोनों के बीच प्रतिरोध क्या है?

(ए) 3/2 क्यू

(बी 6 क्यू

(सी) 4 क्यू

(डी) 8/3 क्यू

93. ओम का नियम लागू नहीं होता

(ए) अर्ध-चालक

(बी) डीसी सर्किट

(सी) छोटे प्रतिरोधी

(डी) उच्च धाराएं

94. दो तांबे के कंडक्टरों की लंबाई समान होती है। एक कंडक्टर का क्रॉस-सेक्शनल क्षेत्र दूसरे के चार गुना है। यदि छोटे अनुप्रस्थ काट वाले कंडक्टर का प्रतिरोध 40 ओम है तो अन्य कंडक्टर का प्रतिरोध होगा

(ए) 160 ओम

(बी) 80 ओम

(सी) 20 ओम

(डी) 10 ओम

95. हीटर कॉइल के रूप में उपयोग किए जाने वाले नाइक्रोम तार में 2 £2/m का प्रतिरोध होता है। 200 वोल्ट पर 1 किलोवाट के हीटर के लिए आवश्यक तार की लंबाई होगी

(ए) 80 एम

(बी) 60 एम

(सी) 40 एम

(डी) 20 एम

96. प्रतिरोध का तापमान गुणांक के रूप में व्यक्त किया जाता है

(ए) ओम/डिग्री सेल्सियस

(बी) एमएचओएस/ओम डिग्री सेल्सियस

(सी) ओम/ओमडिग्रीसेल्सियस

98. जब हीटर कॉइल से करंट प्रवाहित होता है तो यह चमकता है लेकिन आपूर्ति तारों में चमक नहीं होती है क्योंकि

(ए) आपूर्ति लाइन के माध्यम से प्रवाह धीमी गति से बहता है

(बी) आपूर्ति तारों को इन्सुलेशन परत के साथ कवर किया गया है

(सी) हीटरकॉइलकाप्रतिरोधआपूर्तितारोंसेअधिकहै

(डी) आपूर्ति तार बेहतर सामग्री से बने होते हैं

99. ओम के नियम के तहत वैधता की शर्त यह है कि

(ए) प्रतिरोधएकसमानहोनाचाहिए

(बी) वर्तमान प्रतिरोध के आकार के समानुपाती होना चाहिए

(सी) प्रतिरोध तार घाव प्रकार होना चाहिए

(डी) सकारात्मक छोर पर तापमान नकारात्मक छोर पर तापमान से अधिक होना चाहिए

100. निम्नलिखित में से कौन सा कथन सही है?

(ए) एकअर्ध-चालकएकसामग्रीहैजिसकीचालकताएककंडक्टरऔरएकइन्सुलेटरकेबीचसमानहोतीहै

(बी) एक अर्ध-चालक एक ऐसी सामग्री है जिसमें चालकता होती है जिसमें धातु और इन्सुलेटर की चालकता का औसत मूल्य होता है

(सी) एक अर्ध-कंडक्टर वह होता है जो लागू वोल्टेज का केवल आधा हिस्सा होता है

(डी) एक सेमी-कंडक्टर सामग्री और इन्सुलेटर के संचालन की वैकल्पिक परतों से बना एक सामग्री है

101. एक रिओस्तात पोटेंशियोमीटर से इस संबंध में भिन्न होता है कि यह

(ए) कम वाट क्षमता रेटिंग है

(बी) उच्चवाटक्षमतारेटिंगहै

(सी) बड़ी संख्या में मोड़ हैं

(डी) बड़ी संख्या में टैपिंग प्रदान करता है

102. समान विद्युत प्रतिरोध के लिए समान क्रॉस-सेक्शन के तांबे के कंडक्टर की तुलना में एक एल्यूमीनियम कंडक्टर का वजन है

(ए) 50%

(बी) 60%

(सी) 100%

(डी) 150%

103. एक खुला रोकनेवाला, जब ओम-मीटर से जाँचा जाता है, तो पढ़ता है

(ए) शून्य

(बी) अनंत

(सी) उच्च लेकिन सहनशीलता के भीतर

(डी) कम लेकिन शून्य नहीं

104. अधिकांश धातुओं की तुलना में विद्युत चालकता वाले पदार्थ बहुत कम होते हैं लेकिन विशिष्ट इन्सुलेटर की तुलना में बहुत अधिक होते हैं।

(ए) Varistors

(बी) थर्मिस्टर

(सी) सेमी-कंडक्टर

(डी) परिवर्तनीय प्रतिरोधी

105. सभी अच्छे कंडक्टरों में उच्च होता है

(ए) चालन

(बी) प्रतिरोध

(सी) अनिच्छा

(डी) तापीय चालकता

106. वोल्टेज पर निर्भर प्रतिरोधक आमतौर पर से बने होते हैं

(ए) लकड़ी का कोयला

(बी) सिलिकॉन कार्बाइड

(सी) निक्रोम

(डी) ग्रेफाइट

107. वोल्टेज पर निर्भर प्रतिरोधों का उपयोग किया जाता है

(ए) आगमनात्मक सर्किट के लिए

(बी) उछालकोदबानेकेलिए

(सी) हीटिंग तत्वों के रूप में

(डी) वर्तमान स्टेबलाइजर्स के रूप में

108. प्रोटॉन के द्रव्यमान और इलेक्ट्रॉन के द्रव्यमान का अनुपात लगभग है

(ए) 1840

(बी) 1840

(सी) 30

(डी) 4

109. कार्बन परमाणु की सबसे बाहरी कक्षा में इलेक्ट्रॉनों की संख्या है

(ए) 3

(बी) 4

(सी) 6

(डी) 7

110. समानांतर में जुड़े तीन प्रतिरोधों के साथ, यदि प्रत्येक 20 डब्ल्यू को नष्ट कर देता है तो वोल्टेज स्रोत द्वारा आपूर्ति की गई कुल शक्ति बराबर होती है

(ए) 10 डब्ल्यू

(बी) 20 डब्ल्यू

(सी) 40 डब्ल्यू

(डी) 60 डब्ल्यू

111. एक थर्मिस्टर में होता है

(ए) सकारात्मक तापमान गुणांक

(बी) नकारात्मक तापमान गुणांक

(सी) शून्यतापमानगुणांक

(डी) परिवर्तनीय तापमान गुणांक

112. यदि/, R और t क्रमशः धारा, प्रतिरोध और समय हैं, तो तदनुसार
जूल के नियम के अनुसार उत्पादित ऊष्मा के समानुपाती होगी

(ए) I2Rt

(बी) I2Rf

(सी) I2R2t

(डी) आई2आर2टी*

113. नाइक्रोम तार किसका मिश्रधातु है?

(ए) सीसा और जस्ता

(बी) क्रोमियम और वैनेडियम

(सी) निकलऔरक्रोमियम

(डी) तांबा और चांदी

114. जब एक वोल्ट का वोल्टेज लगाया जाता है, तो एक सर्किट एक माइक्रो एम्पीयर करंट प्रवाहित होने देता है। सर्किट का संचालन है

(ए) 1 एन-महो

(बी) 106 एमएचओ

(सी) 1 मिली-महो

(डी) उपरोक्त में से कोई नहीं

115. निम्नलिखित में से किसके पास नकारात्मक तापमान गुणांक हो सकता है?

(ए) चांदी के यौगिक

(6) तरल धातु

(सी) धातु मिश्र धातु

(डी) इलेक्ट्रोलाइट्स

116. चालकता : एमएचओ ::

(ए) प्रतिरोध: ओम

(बी) समाई: हेनरी

(सी) अधिष्ठापन: फैराड

(डी) लुमेन: स्टेरेडियन

117. 1 एंगस्ट्रॉम बराबर होता है

(ए) 10-8 मिमी

(बी) 10"6 सेमी

(सी) 10"10 एम

(डी) 10 ~ 14 एम

118. एक न्यूटन मीटर समान है

(ए) एक वाट

(बी) एकजूल

(सी) पांच जूल

(डी) एक जूल सेकंड

1. कुण्डली का वह गुण जिससे धारा के होने पर उसमें एक प्रति ईएमएफ प्रेरित होता है कुंडल के माध्यम से परिवर्तन के रूप में जाना जाता है

(ए) आत्मअधिष्ठापन

(बी) पारस्परिक अधिष्ठापन

(सी) श्रृंखला सहायता अधिष्ठापन

(डी) समाई

2. फैराडे के विद्युत चुम्बकीय प्रेरण के नियमों के अनुसार, एक ईएमएफ को a . में प्रेरित किया जाता है

कंडक्टर जब भी

(ए) चुंबकीय प्रवाह के लंबवत स्थित है

(बी) एक चुंबकीय क्षेत्र में स्थित है

(सी) चुंबकीयप्रवाहमेंकटौती

(डी) चुंबकीय क्षेत्र की दिशा के समानांतर चलता है

3. निम्नलिखित में से कौन सा सर्किट तत्व विद्युत चुम्बकीय में ऊर्जा संग्रहीत करता है

खेत ?

(ए) अधिष्ठापन

(बी) कंडेनसर

(सी) परिवर्तनीय प्रतिरोधी

(डी) प्रतिरोध

4. निम्नलिखित को छोड़कर सभी स्थितियों में एक कॉइल का इंडक्शन बढ़ जाएगा:

(ए) जबसमानसंख्यामेंघुमावोंकेलिएअधिकलंबाईप्रदानकीजातीहै

(6) जब कुंडल के घुमावों की संख्या बढ़ जाती है

(सी) जब प्रत्येक मोड़ के लिए अधिक क्षेत्र प्रदान किया जाता है

(डी) जब कोर की पारगम्यता बढ़ जाती है

5. एक कुंडल का स्व-प्रेरकत्व जितना अधिक होगा,

(ए) कम इसके वेबर-मोड़

(बी) प्रेरित ईएमएफ को कम करें

(सी) इसके द्वारा उत्पादित प्रवाह अधिक से अधिक

(डी) इसकेमाध्यमसेस्थिरधारास्थापितकरनेमेंअधिकदेरी

6. एक लोहे की कोर वाली कुंडल में लोहे की कोर को हटा दिया जाता है ताकि कुंडल एक वायु कोर्ड कुंडल बन जाए। कुंडल का अधिष्ठापन होगा

(ए) वृद्धि

(बी) कमी

(सी) वही रहें

(डी) शुरू में बढ़ो और फिर घटो

7. एक खुली कुण्डली में होती है

(ए) शून्य प्रतिरोध और अधिष्ठापन

(बी) <u>अनंतप्रतिरोधऔरशून्यअधिष्ठापन</u>

(सी) अनंत प्रतिरोध और सामान्य अधिष्ठापन

(डी) शून्य प्रतिरोध और उच्च अधिष्ठापन

8. एक आगमनात्मक कुंडल के घुमावों की संख्या और कोर लंबाई दोनों को दोगुना कर दिया जाता है।

इसका सेल्फ इंडक्शन होगा

(ए) अप्रभावित

(बी) <u>दोगुना</u>

(सी) आधा

(डी) चौगुनी

9. यदि किसी चालक में धारा बढ़ती है तो लेन्ज के नियम के अनुसार स्व-प्रेरित
वोल्टेज होगा

(ए) बढ़ती धारा की सहायता करें

(बी) वर्तमान किराए की मात्रा को कम करने की प्रवृत्ति है

(सी) <u>बढ़तीधाराकेविपरीतवर्तमानउत्पन्नकरें</u>

(डी) लागू वोल्टेज की सहायता करें

10. प्रेरित विद्युत वाहक बल की दिशा किसके द्वारा ज्ञात की जा सकती है?

(ए) लाप्लास का कानून

(बी) <u>लेनज़काकानून</u>

(c) फ्लेमिंग के दाहिने हाथ का नियम

(डी) किरचॉफ का वोल्टेज कानून

11. एयर-कोर कॉइल व्यावहारिक रूप से मुक्त हैं

(ए) हिस्टैरिसीस नुकसान

(बी) एडी वर्तमान नुकसान

(सी) <u>दोनों (ए) और (बी)</u>

(डी) उपरोक्त में से कोई नहीं

12. किसी चालक में प्रेरित विद्युत वाहक बल का परिमाण किस पर निर्भर करता है?

(ए) चुंबकीय क्षेत्र का प्रवाह घनत्व

(बी) प्रवाह कटौती की मात्रा

(सी) फ्लक्स लिंकेज की मात्रा

(डी) <u>फ्लक्स-लिंकेजकेपरिवर्तनकीदर</u>

13. दो चुंबकीय रूप से युग्मित कुंडलियों के बीच पारस्परिक रूप से अधिष्ठापन निर्भर करता है

(ए) कोर की पारगम्यता

(बी) उनके घुमावों की संख्या

(सी) उनके सामान्य कोर का पार-अनुभागीय क्षेत्र

(डी) उपरोक्तसभी

14. एक लेमिनेटेड लोहे के कोर ने एड़ी-करंट के नुकसान को कम कर दिया है क्योंकि

(ए) कॉइल में कम डीसी प्रतिरोध के साथ अधिक तार का उपयोग किया जा सकता है

(बी) टुकड़ेटुकड़ेएकदूसरेसेइन्सुलेटकिएजातेहैं

(सी) चुंबकीय प्रवाह कोर के वायु अंतराल में केंद्रित है

(डी) टुकड़े टुकड़े खड़ी खड़ी हैं

15. वह नियम जिसके कारण प्रेरित विद्युत वाहक बल और धारा सदैव उन्हें उत्पन्न करने वाले कारण का विरोध करते हैं, किसके कारण है?

(ए) फैराडे

(बी) लेन्ज़ो

(सी) न्यूटन

16. निम्नलिखित में से कौन अधिष्ठापन की इकाई नहीं है ?

(ए) हेनरी

(बी) कूलम्ब/वोल्टएम्पीयर

(सी) वोल्ट सेकेंड प्रति एम्पीयर

(D। उपरोक्त सभी

17. एक अधिष्ठापन के मामले में, धारा के समानुपाती होती है

(ए) अधिष्ठापन भर में वोल्टेज

(बी) चुंबकीयक्षेत्र

(सी) दोनों (ए) और (बी)

(डी) न तो (ए) और न ही (बी)

18. निम्नलिखित में से कौन सा सर्किट तत्व सर्किट करंट में बदलाव का विरोध करेगा?

(ए) समाई

(बी) अधिष्ठापन

(सी) प्रतिरोध

(D। उपरोक्त सभी

19. विशुद्ध रूप से आगमनात्मक परिपथ के लिए निम्नलिखित में से कौन सा सत्य है ?

(ए) स्पष्ट शक्ति शून्य है

(बी) सापेक्ष शक्ति है। शून्य

(सी) सर्किटकीवास्तविकशक्तिशून्यहै

(डी) सर्किट में मौजूद होने पर भी कोई कैपेसिटेंस चार्ज नहीं किया जाएगा

20. निम्नलिखित में से कौन अधिष्ठापन की इकाई है?

(ए) ओहमो

(बी) हेनरी

(सी) एम्पीयर बदल जाता है

(डी) वेबर्स / मीटर

21. अधिष्ठापन 4H की कुण्डली में 16 वोल्ट का विद्युत वाहक बल प्रेरित होता है। धारा के परिवर्तन की दर होनी चाहिए

(ए) 64 ए / एस

(बी) 32 ए / एस

(सी) 16 ए / एस

(डी) 4 ए / एस

22. एक कुंडल के क्रोड की लंबाई 200 मिमी है। कुंडल का अधिष्ठापन 6 mH है। यदि कोर लंबाई को दोगुना कर दिया जाता है, तो अन्य सभी मात्राएं समान रहती हैं, अधिष्ठापन होगा

(ए) 3 एमएच

(बी) 12 एमएच

(सी) 24 एमएच

(डी) 48 एमएच

23. दो कुंडलियों के स्वप्रेरकत्व 8 mH और 18 mH हैं। यदि युग्मन का गुणांक 0.5 है, तो कुंडलियों का पारस्परिक अधिष्ठापन है

(ए) 4 एमएच

(बी) 5 एमएच

(सी) 6 एमएच

(डी) 12 एमएच

24. दो कुंडलियों में 8 mH और 18 mH का अधिष्ठापन और 0.5 का युग्मन गुणांक है। यदि दो कुंडलियों को श्रृंखला सहायता में जोड़ा जाता है, तो कुल अधिष्ठापन होगा

(ए) 32 एमएच

(बी) 38 एमएच

(सी) 40 एमएच

(डी) 48 एमएच

25. एक 200 टर्न कॉइल में 12 mH का इंडक्शन होता है। यदि घुमावों की संख्या बढ़ाकर 400 कर दी जाती है, तो अन्य सभी मात्राएँ (क्षेत्रफल, लंबाई आदि) समान रहती हैं, तो अधिष्ठापन होगा

(ए) 6 एमएच

(बी) 14 एमएच

(सी) 24 एमएच

(डी) 48 एमएच

26. दो कॉइल में 10 एच और 2 एच के स्व-प्रेरकत्व होते हैं, पारस्परिक अधिष्ठापन शून्य होता है। यदि दो कुंडलियों को श्रेणीक्रम में जोड़ा जाता है, तो कुल अधिष्ठापन होगा

(ए) 6 एच

(बी) 8 एच

(सी) 12 एच

(डी) 24 एच

27. यदि कॉइल 1 में करंट से सभी फ्लक्स कॉइल 2 से जुड़ते हैं, तो कपलिंग का गुणांक होगा

(ए) 2.0

(बी) 1.0

(सी) 0.5

(डी) शून्य

28. नगण्य प्रतिरोध वाली एक कुण्डली में 10 mA के साथ 50V है। आगमनात्मक प्रतिक्रिया है

(ए) 50 ओम

(बी) 500 ओम

(सी) 1000 ओम

(डी) 5000 ओम

29. 2 मीटर लंबा एक कंडक्टर 1 टेस्ला के फ्लक्स घनत्व के चुंबकीय क्षेत्र में 12.5 मीटर/सेकेंड के वेग के साथ समकोण पर चलता है। कंडक्टर में प्रेरित ईएमएफ होगा

(ए) 10 वी

(6) 15 वी

(सी) 25V

(डी) 50 वी

30. लेन्ज का नियम किसके संरक्षण के नियम का परिणाम है?

(ए) प्रेरित वर्तमान

(बी) चार्ज

(सी) ऊर्जा

(डी) प्रेरित ईएमएफ

31. एक चालक 1.1 टेस्ला के चुंबकीय क्षेत्र में 60° से कम 125 एम्पीयर धारा प्रवाहित करता है। कंडक्टर पर बल होगा

लगभग

(ए) 50 एन

(बी) <u>120 एन</u>

(सी) 240 एन

(डी) 480 एन

32. 0.67 टेस्ला के फ्लक्स घनत्व वाले चुंबकीय क्षेत्र में 50 एम्पीयर की धारा को समकोण पर ले जाने वाले 3 मीटर लंबे कंडक्टर पर लगने वाले बल का पता लगाएं।

(ए) <u>100 एन</u>

(बी) 400 एन

(सी) 600 एन

(डी) 1000 एन

33. दो एयर कोर कॉइल के बीच युग्मन का गुणांक निर्भर करता है

(ए) केवल दो कुंडलियों का स्व-प्रेरकत्व

(बी) केवल दो कॉइल के बीच पारस्परिक अधिष्ठापन

(सी) <u>दोकॉइल्सकापारस्परिकअधिष्ठापनऔरस्वयंअधिष्ठापन</u>

(डी) उपरोक्त में से कोई नहीं

34. 0.5 सेकंड में होने वाले फ्लक्स में परिवर्तन के परिणामस्वरूप 250 टर्न सोलनॉइड में 10 V का औसत वोल्टेज प्रेरित होता है। कुल प्रवाह परिवर्तन है

(ए) 20 डब्ल्यूबी

(बी) 2 डब्ल्यूबी

(सी) 0.2 डब्ल्यूबी

(डी) <u>0.02 डब्ल्यूबी</u>

35. एक 500 टर्न सोलनॉइड में 60 V का औसत प्रेरित वोल्टेज विकसित होता है। इस तरह के वोल्टेज का उत्पादन करने के लिए किस समय अंतराल में 0.06 Wb का फ्लक्स परिवर्तन होना चाहिए?

(ए) 0.01 एस

(बी) 0.1 एस

(सी) <u>0.5 एस</u>

(डी) 5 एस

36. हल चलाने वाले प्रारंभ करनेवाला में से किसमें एडी करंट का नुकसान सबसे कम होगा?

(ए) <u>एयरकोर</u>

(बी) टुकड़े टुकड़े में लौह कोर

(सी) आयरन कोर

(डी) पाउडर लौह कोर

37. जब धारा 1 A/s की दर से बदलती है तो एक कुण्डली 350 mV प्रेरित करती है। अधिष्ठापन का मान है

(ए) 3500 एमएच

(बी) 350 एमएच

(सी) 250 एमएच

(डी) 150 एमएच

38. परस्पर युग्मन के बिना श्रृंखला में दो 300 uH कॉइल का कुल अधिष्ठापन है

(ए) 300 यूएच

(बी) 600 यूएच

(सी) 150 यूएच

(डी) 75 यूएच

39. एक सेकण्ड में 8 A से 12 A में परिवर्तित होने वाली धारा एक कुण्डली में 20 वोल्ट प्रेरित करती है। अधिष्ठापन का मान है

(ए) 5 एमएच

(बी) 10 एमएच

(सी) 5 एच

(डी) 10 एच

40. कौन सा सर्किट तत्व सर्किट करंट में बदलाव का विरोध करेगा?

(ए) केवल प्रतिरोध

(बी) केवलअधिष्ठापन

(सी) केवल समाई

(डी) अधिष्ठापन और समाई

41. एक प्रारंभ करनेवाला के चुंबकीय पथ में दरार का परिणाम होगा

(ए) अपरिवर्तित अधिष्ठापन

(बी) अधिष्ठापन में वृद्धि

(सी) शून्य अधिष्ठापन

(डी) कमअधिष्ठापन

42. एक कुंडल लोहे के कोर पर घाव है जो वर्तमान I को वहन करता है। कुंडल में स्व-प्रेरित वोल्टेज से प्रभावित नहीं होता है

(ए) कॉइल करंट में भिन्नता

(बी) कॉइलमेंवोल्टेजमेंभिन्नता

(सी) कुंडल के घुमावों की संख्या में परिवर्तन

(डी) चुंबकीय पथ का प्रतिरोध

1. एक ट्रांजिस्टर में ....

ए] एक पीएन जंक्शन

बी] दोपीएनजंक्शन

सी] तीन पीएन जंक्शन

डी] चार पीएन जंक्शन

2. एक ट्रांजिस्टर में रिक्तीकरण परतों की संख्या ....

ए] चार

बी] तीन

सी] एक

डी] दो

3. ट्रांजिस्टर का आधार .... डोपेड होता है

ए] भारी

बी] मध्यम

सी] हल्केसे

डी] उपरोक्त में से कोई नहीं

4. ट्रांजिस्टर में सबसे बड़ा आकार वाला तत्व ....

ए] कलेक्टर

बी] आधार

सी] उत्सर्जक

डी] कलेक्टर-बेस-जंक्शन

5. एक pnp ट्रांजिस्टर में, करंट कैरियर्स .... होते हैं।

ए] स्वीकर्ता आयन

बी] दाता आयन

सी] मुक्त इलेक्ट्रॉन

डी] छेद

6. ट्रांजिस्टर का संग्राहक .... डाल दिया गया

ए] भारी

बी] मध्यम

सी] हल्के से

डी] उपरोक्त में से कोई नहीं

7. ट्रांजिस्टर एक .... संचालित उपकरण है

ए] वर्तमान

बी] वोल्टेज

सी] वोल्टेज और करंट दोनों

डी] उपरोक्त में से कोई नहीं

8. एनपीएन ट्रांजिस्टर में .... अल्पसंख्यक वाहक हैं

ए] मुक्त इलेक्ट्रॉन

बी] छेद

सी] दाता आयन

डी] स्वीकर्ता आयन

9. एक ट्रांजिस्टर का उत्सर्जक .... डोपेड होता है

ए] हल्के से

बी] भारी

सी] मध्यम

डी] उपरोक्त में से कोई नहीं

10. एक ट्रांजिस्टर में, बेस करंट उत्सर्जक धारा का लगभग .... होता है

ए] 25%

बी] 20%

सी] 35%

डी] 5%

11. एक ट्रांजिस्टर के बेस-एमिटर जंक्शनों पर, कोई .... पाता है

ए] एक रिवर्स पूर्वाग्रह

बी] एक विस्तृत कमी परत

सी] कमप्रतिरोध

डी] उपरोक्त में से कोई नहीं

12. एक ट्रांजिस्टर का इनपुट प्रतिबाधा ....

ऊंचा

बी] कम

सी] बहुत ऊंचा

डी] लगभग शून्य

13. अधिकांश बहुसंख्यक वाहक उत्सर्जक से ....

ए] आधार में पुनर्संयोजन

बी] उत्सर्जक में पुनर्संयोजन

सी] आधारक्षेत्रसेकलेक्टरकेपासजाएं

डी] उपरोक्त में से कोई नहीं

14. वर्तमान आईबी .... है

ए] इलेक्ट्रॉनवर्तमान

बी] होल करंट

सी] दाता आयन वर्तमान
डी] स्वीकर्ता आयन करंट
15. एक ट्रांजिस्टर में ....
ए] आईसी = आईई + आईबी
बी] आईबी = आईसी + आईई
सी] आईई = आईसी - आईबी
डी] <u>आईई = आईसी + आईबी</u>
16. एक ट्रांजिस्टर का मान .... है।
ए] 1 . से अधिक
बी] <u>1 . सेकम</u>
सी] 1
डी] उपरोक्त में से कोई नहीं
17. आईसी = एआईई + ...।
ए] आईबी
बी] आईसीईओ
सी] <u>आईसीबीओ</u>
डी] आईबी
18. एक ट्रांजिस्टर का आउटपुट प्रतिबाधा .... है।
ए] <u>उच्च</u>
बी] शून्य
सी] कम
डी] बहुत कम
19. एक टैन्सिस्टर में, IC = 100 mA और IE = 100.2 mA। का मान ....
ए] 100
बी] 50
सी] लगभग 1
डी] <u>200</u>
20. एक ट्रांजिस्टर में यदि = 100 और संग्राहक धारा 10 mA है, तो IE है ....
ए] 100 एमए
बी] <u>100.1 एमए</u>
सी] 110 एमए
डी] उपरोक्त में से कोई नहीं
21. और a के बीच संबंध ....

ए] = 1 / (1 - ए)

बी] = (1 - ए) / ए

सी] = ए / (1 - ए)

डी] = ए / (1 + ए)

22. एक ट्रांजिस्टर के लिए का मान सामान्यतः .... होता है।

ए] 1 से कम 1

बी] 20 और 500 . के बीच

सी] 500 . सेऊपर

23. सबसे अधिक इस्तेमाल की जाने वाली ट्रांजिस्टर व्यवस्था .... व्यवस्था है

ए] आमउत्सर्जक

बी] आम आधार

सी] आम कलेक्टर

डी] उपरोक्त में से कोई नहीं

24. .... व्यवस्था में जुड़े ट्रांजिस्टर का इनपुट प्रतिबाधा उच्चतम है

ए] आम उत्सर्जक

बी] आमकलेक्टर

सी] आम आधार

डी] उपरोक्त में से कोई नहीं

25. .... में जुड़े ट्रांजिस्टर का आउटपुट प्रतिबाधा।

ए] व्यवस्था उच्चतम है

बी] आम उत्सर्जक

सी] आमकलेक्टर

डी] आम आधार

इनमे से कोई भी नहीं

26. एक सामान्य आधार व्यवस्था में इनपुट और आउटपुट वोल्टेज के बीच चरण अंतर .... है।

ए] 180o

बी] 90o

सी] 270o

डी] 0o

27. .... में जुड़े ट्रांजिस्टर में शक्ति लाभ। व्यवस्था सर्वोच्च है

ए] आमउत्सर्जक

बी] आम आधार

सी] आम कलेक्टर

डी] उपरोक्त में से कोई नहीं

28. सामान्य उत्सर्जक व्यवस्था में जुड़े ट्रांजिस्टर के इनपुट और आउटपुट वोल्टेज के बीच चरण अंतर .... है

ए] 0o

बी] 180o

सी] 90o

डी] 270o

29. .... में जुड़े ट्रांजिस्टर में वोल्टेज लाभ। व्यवस्था सर्वोच्च है

ए] आम आधार

बी] आम कलेक्टर

सी] आमउत्सर्जक

डी] उपरोक्त में से कोई नहीं

30. जैसे ही ट्रांजिस्टर का तापमान बढ़ता है, बेस-एमिटर प्रतिरोध ....

ए] घटताहै

बी] बढ़ता है

सी] वही रहता है

डी] उपरोक्त में से कोई नहीं

31. आम संग्राहक में जुड़े ट्रांजिस्टर का वोल्टेज लाभ

ए] व्यवस्था है ....

बी] 1 . के बराबर

सी] 10 . से अधिक

डी] 100 सेअधिक 1 सेकम

32. सामान्य संग्राहक व्यवस्था में जुड़े ट्रांजिस्टर के इनपुट और आउटपुट वोल्टेज के बीच चरण अंतर .... है

ए] 180o

बी] 0o

सी] 90o

डी] 270o

33. आईसी = आईबी + ...

ए] आईसीबीओ

बी] आईसी

सी] आईसीईओ

डी] एआईई

34. आईसी = [ए / (1 - ए)] आईबी + ...।

ए] आईसीईओ

बी] आईसीबीओ

सी] आईसी

डी] (1 - ए) आईबी

35. आईसी = [ए / (1 - ए)] आईबी + [........ / (1 - ए)]

ए] आईसीबीओ

बी] आईसीईओ

सी] आईसी

मरना

36. ईसा पूर्व 147 ट्रांजिस्टर इंगित करता है कि यह .... का बना है।

ए] जर्मेनियम

बी] सिलिकॉन

सी] कार्बन

डी] उपरोक्त में से कोई नहीं

37. ICEO = (.........) ICBO

ए] ß1

बी] + ए

सी] 1 +

डी] उपरोक्त में से कोई नहीं

38. सीबी मोड में एक ट्रांजिस्टर जुड़ा हुआ है। यदि यह समान बायस वोल्टेज के साथ CE मोड में कनेक्ट नहीं है, तो IE, IB और IC के मान .... होंगे।

ए] वहीरहें

बी] वृद्धि

सी] कमी

डी] उपरोक्त में से कोई नहीं

39. यदि a का मान 0.9 है, तो का मान ....

ए] 9

बी] 0.9

सी] 900

डी] 90

40. एक ट्रांजिस्टर में, सिग्नल को .... सर्किट से स्थानांतरित किया जाता है

ए] कम प्रतिरोध के लिए उच्च प्रतिरोध

बी] उच्चप्रतिरोधकेलिएकमप्रतिरोध

सी] उच्च प्रतिरोध के लिए उच्च प्रतिरोध

डी] कम प्रतिरोध के लिए कम प्रतिरोध

41. एक ट्रांजिस्टर के प्रतीक में तीर दिशा को इंगित करता है
का ....।

A] उत्सर्जक में इलेक्ट्रॉन धारा

B] संग्राहक में इलेक्ट्रॉन धारा

C] एमिटरमेंहोलकरंट

डी] दाता आयन वर्तमान

42. CE व्यवस्था में लीकेज करंट .... होता है। कि सीबी व्यवस्था में

ए] सेअधिक

बी] से कम

सी] के समान

डी] उपरोक्त में से कोई नहीं

43. एक ताप सिंक का प्रयोग आमतौर पर ट्रांजिस्टर के साथ .... के लिए किया जाता है।

ए] आगे की धारा बढ़ाएं

बी] आगे की धारा को कम करें

सी] अत्यधिक डोपिंग के लिए क्षतिपूर्ति

डी] अत्यधिकतापमानवृद्धिकोरोकें

44. a . के निर्माण में सबसे अधिक इस्तेमाल किया जाने वाला अर्धचालक
ट्रांजिस्टर ....

ए] जर्मेनियम

बी] सिलिकॉन

सी] कार्बन

डी] उपरोक्त में से कोई नहीं

45. ट्रांजिस्टर में कलेक्टर-बेस जंक्शन में .... होता है।

ए] हर समय आगे का पूर्वाग्रह

बी] हरसमयरिवर्सबायस

सी] कम प्रतिरोध

डी] उपरोक्त में से कोई नहीं

1. एक ट्यून्ड एम्पलीफायर .... का उपयोग करता है। भार

ए] प्रतिरोधी

बी] कैपेसिटिव

सी] एलसीटैंक

डी] आगमनात्मक

2. एक ट्यून्ड एम्पलीफायर आमतौर पर .... में संचालित होता है। संचालन
ए] कक्षा ए
बी] कक्षासी
सी] कक्षा बी
डी] उपरोक्त में से कोई नहीं
3. ट्यून्ड एम्पलीफायर का उपयोग .... अनुप्रयोगों में किया जाता है
ए] रेडियोफ्रीक्वेंसी
बी] कम आवृत्ति
सी] ऑडियो आवृत्ति
डी] उपरोक्त में से कोई नहीं
4. .... kHz से ऊपर की आवृत्तियों को रेडियो फ्रीक्वेंसी कहा जाता है
ए] 21
बी] 0
सी] 50
डी] 200
6. एक ट्यून्ड एम्पलीफायर का वोल्टेज लाभ .... है। गुंजयमान आवृत्ति पर
कम से कम
बी] अधिकतम
सी] अधिकतम और न्यूनतम के बीच आधा रास्ता
डी] शून्य
7. समानांतर अनुनाद पर, रेखा धारा .... है।
ए] न्यूनतम
बी] अधिकतम
सी] काफी बड़ा
डी] उपरोक्त में से कोई नहीं
8. श्रृंखला अनुनाद पर, सर्किट .... प्रतिबाधा प्रदान करता है
ए] शून्य
बी] अधिकतम
सी] न्यूनतम
डी] उपरोक्त में से कोई नहीं
9. एक गुंजयमान सर्किट में .... तत्व होते हैं
ए] आर और एल केवल
बी] आर और सी केवल
सी] केवल आर

डी] एलऔरसी

10. श्रृंखला या समानांतर अनुनाद पर, सर्किट .... लोड के रूप में व्यवहार करता है

ए] कैपेसिटिव

बी] प्रतिरोधी

सी] आगमनात्मक

डी] उपरोक्त में से कोई नहीं

11. श्रेणी अनुनाद पर, L के सिरों पर वोल्टेज .... है। सी भर में वोल्टेज

A] चरण to . केबराबरलेकिनविपरीत

बी] के बराबर लेकिन चरण में

सी] से बड़ा लेकिन चरण के साथ

डी] से कम लेकिन चरण के साथ

12. जब या तो L या C को बढ़ाया जाता है, LC परिपथ की गुंजयमान आवृत्ति ....

ए] वही रहता है

बी] बढ़ता है

सी] घटताहै

डी] अपर्याप्त डेटा

13. समानांतर अनुनाद पर, नेट रिएक्टिव कंपोनेंट सर्किट करंट ....

ए] कैपेसिटिव

बी] शून्य

सी] आगमनात्मक

डी] उपरोक्त में से कोई नहीं

14. समानांतर अनुनाद में, परिपथ प्रतिबाधा .... है।

ए] सी/एलआर

बी] आर / एलसी

सी] सीआर / एल

डी] एल/सीआर

15. एक समानांतर एलसी सर्किट में, यदि इनपुट सिग्नल की आवृत्ति गुंजयमान आवृत्ति से ऊपर बढ़ जाती है तो ....

ए] एक्सएलबढ़ताहैऔरएक्ससीघटताहै

B] XL घटता है और XC बढ़ता है

सी] एक्सएल और एक्ससी दोनों बढ़ते हैं

D] XL और XC दोनों घटते हैं

16. एक LC परिपथ का Q .... द्वारा दिया जाता है।

ए] 2pfr x आर

बी] आर / 2pfrL

सी] 2pfrL / आर

डी] R2/2pfrL

17. यदि किसी LC परिपथ का Q बढ़ता है, तो बैंडविड्थ ....

ए] बढ़ता है

बी] घटताहै

सी] वही रहता है

डी] अपर्याप्त डेटा

18. श्रेणी अनुनाद पर, परिपथ धारा का शुद्ध प्रतिक्रियाशील घटक .... है।

ए] शून्य

बी] आगमनात्मक

सी] कैपेसिटिव

डी] उपरोक्त में से कोई नहीं

19. एल/सीआर के आयाम .... के हैं।

ए] फैराडो

बी] हेनरी

सी] ओहमो

डी] उपरोक्त में से कोई नहीं

20. यदि समानांतर एलसी सर्किट का एल/सी अनुपात बढ़ाया जाता है, तो सर्किट का क्यू ....

ए] कम हो गया है

बी] बढ़गयाहै

सी] वही रहता है

डी] उपरोक्त में से कोई नहीं

21. श्रेणी अनुनाद पर, अनुप्रयुक्त वोल्टेज और परिपथ के बीच का चरण कोण .... है।

ए] 90o

बी] 180o

सी] 0o

डी] उपरोक्त में से कोई नहीं

22. समानांतर अनुनाद पर, अनुपात एल/सी .... है।

ए] बहुतबड़ा

बी] शून्य

सी] छोटा

डी] उपरोक्त में से कोई नहीं

23. यदि किसी ट्यून किए गए परिपथ का प्रतिरोध बढ़ा दिया जाए, तो परिपथ का Q ....

ए] बढ़ा हुआ है

बी] कमहोगयाहै

सी] वही रहता है

डी] उपरोक्त में से कोई नहीं

24. एक ट्यूनेड सर्किट का क्यू .... की संपत्ति को संदर्भित करता है।

ए] संवेदनशीलता

बी] निष्ठा

सी] चयनात्मकता

डी] उपरोक्त में से कोई नहीं

25. समानांतर अनुनाद पर, लागू वोल्टेज और सर्किट वर्तमान के बीच चरण कोण .... है।

ए] 90o

बी] 180o

सी] 0o

डी] उपरोक्त में से कोई नहीं

26. एक समान्तर LC परिपथ में, यदि संकेत आवृत्ति गुंजयमान आवृत्ति से कम हो जाती है, तो ....

A] XL घटताहैऔर XC बढ़ताहै

B] XL बढ़ता है और XC घटता है

C] लाइन करंट न्यूनतम हो जाता है

डी] उपरोक्त में से कोई नहीं

27. श्रंखला अनुनाद में ....

ए] वोल्टेजप्रवर्धन

बी] वर्तमान प्रवर्धन

सी] वोल्टेज और वर्तमान प्रवर्धन दोनों

डी] उपरोक्त में से कोई नहीं

28. एक ट्यून्ड एम्पलीफायर का क्यू आम तौर पर .... है।

ए] 5 . से कम

बी] 10 . से कम

सी] 10 . सेअधिक

डी] उपरोक्त में से कोई नहीं

29. एक ट्यून्ड एम्पलीफायर का क्यू 50 है। यदि एम्पलीफायर के लिए गुंजयमान आवृत्ति 1000kHZ है, तो बैंडविड्थ .... है।

ए] 10kHz

बी] 40 किलोहर्ट्ज़

सी] 30 किलोहर्ट्ज़

डी] 20 किलोहर्ट्ज़

30. उपरोक्त प्रश्न में, कट-ऑफ आवृत्तियों के मान क्या हैं?

ए] 140 किलोहर्ट्ज़, 60 किलोहर्ट्ज़

बी] 1020 किलोहर्ट्ज़, 980 किलोहर्ट्ज़

सी] 1030 किलोहर्ट्ज़, 970 किलोहर्ट्ज़

डी] उपरोक्त में से कोई नहीं

31. गुंजयमान आवृत्ति के ऊपर आवृत्तियों के लिए, एक समानांतर एलसी सर्किट एक .... के रूप में व्यवहार करता है। भार

ए] कैपेसिटिव

बी] प्रतिरोधी

सी] आगमनात्मक

डी] उपरोक्त में से कोई नहीं

32. समानांतर अनुनाद में ....

ए] वोल्टेज और वर्तमान प्रवर्धन दोनों

बी] वोल्टेज प्रवर्धन

सी] वर्तमानप्रवर्धन

डी] उपरोक्त में से कोई नहीं

33. गुंजयमान आवृत्ति से कम आवृत्तियों के लिए, एक श्रृंखला एलसी सर्किट एक .... भार के रूप में व्यवहार करता है

ए] प्रतिरोधी

बी] कैपेसिटिव

सी] आगमनात्मक

डी] उपरोक्त में से कोई नहीं

34. यदि उच्च स्तर की चयनात्मकता वांछित है, तो डबल-ट्यून सर्किट में .... होना चाहिए। युग्मन

ए] ढीला

बी] तंग

सी] गंभीर

डी] उपरोक्त में से कोई नहीं

35. डबल ट्यूनेड सर्किट में, यदि दो ट्यून किए गए सर्किट के बीच पारस्परिक अधिष्ठापन कम हो जाता है, तो अनुनाद वक्र का स्तर ....

ए] वही रहता है

बी] उतारा है

सी] उठायाहै

डी] उपरोक्त में से कोई नहीं

36. गुंजयमान आवृत्ति के ऊपर आवृत्तियों के लिए, एक श्रृंखला एलसी सर्किट एक .... लोड के रूप में व्यवहार करता है

ए] प्रतिरोधी

बी] आगमनात्मक

सी] कैपेसिटिव

डी] उपरोक्त में से कोई नहीं

37. डबल ट्यून सर्किट का उपयोग .... में किया जाता है। एक रेडियो रिसीवर के चरण

ए] अगर

बी] ऑडियो

सी] आउटपुट

डी] उपरोक्त में से कोई नहीं

38. एक क्लास सी एम्पलीफायर हमेशा .... को चलाता है। भार

ए] एक शुद्ध प्रतिरोधी

बी] एक शुद्ध आगमनात्मक

सी] एक शुद्ध कैपेसिटिव

डी] एकगुंजयमानटैंक

39. ट्यून्ड क्लास सी एम्पलीफायरों का उपयोग .... के आरएफ सिग्नल के लिए किया जाता है।

ए] कम शक्ति

बी] उच्च शक्ति

सी] बहुत उच्च शक्ति

डी] उपरोक्तमेंसेकोईनहीं

40. गुंजयमान आवृत्ति के नीचे आवृत्तियों के लिए, एक समानांतर एलसी सर्किट .... भार के रूप में व्यवहार करता है

ए] आगमनात्मक

बी] प्रतिरोधी

सी] कैपेसिटिव

डी] उपरोक्त में से कोई नहीं

1. एक रेडियो रिसीवर में .... का प्रवर्धन होता है

ए] एक चरण

बी] दो चरण

सी] तीन चरण

डी] एकसेअधिकचरण

2. आरसी कपलिंग का उपयोग .... के लिए किया जाता है। विस्तारण

ए] वोल्टेज

बी] वर्तमान

सी] पावर

डी] उपरोक्त में से कोई नहीं

3. एक RC युग्मित एम्पलीफायर में, मध्य-आवृत्ति रेंज पर वोल्टेज लाभ ....।

ए] आवृत्ति के साथ अचानक परिवर्तन

बी] स्थिरहै

सी] आवृत्ति के साथ समान रूप से बदलता है

डी] उपरोक्त में से कोई नहीं

4. एक प्रवर्धक का आवृत्ति अनुक्रिया वक्र प्राप्त करने में ....

ए] एम्पलीफायर स्तर का आउटपुट स्थिर रखा जाता है

बी] एम्पलीफायर आवृत्ति स्थिर रखी जाती है

सी] जेनरेटर आवृत्ति स्थिर रहती है

डी] जेनरेटरआउटपुटस्तरस्थिररहताहै

5. आरसी कपलिंग स्कीम का एक फायदा यह है कि ....अच्छा प्रतिबाधा मिलान

ए] अर्थव्यवस्था

बी] उच्चदक्षता

सी] उपरोक्त में से कोई नहीं

6. सर्वोत्तम आवृत्ति प्रतिक्रिया .... की होती है। युग्मन

ए] आरसी

बी] ट्रांसफार्मर

सी] प्रत्यक्ष

डी] उपरोक्त में से कोई नहीं

7. ट्रान्सफार्मर कपलिंग का प्रयोग .... प्रवर्धन के लिए किया जाता है

ए] पावर

बी] वोल्टेज

सी] वर्तमान

डी] उपरोक्त में से कोई नहीं

8. RC कपलिंग स्कीम में, कपलिंग कैपेसिटर CC काफी बड़ा होना चाहिए ....

ए] चरणों के बीच डीसी पास करने के लिए

बी] कमआवृत्तियोंकोकमकरनेकेलिएनहीं

सी] उच्च शक्ति को नष्ट करने के लिए

डी] उपरोक्त में से कोई नहीं

9. RC कपलिंग में कपलिंग कैपेसिटर का मान लगभग .... होता है।

ए] 100 पीएफ

बी] 0.1 μF

सी] 0.01 μF

डी] 10 μF

11. जब एक मल्टीस्टेज एम्पलीफायर डीसी सिग्नल को बढ़ाना है, तो एक को .... कपलिंग का उपयोग करना चाहिए

ए] आरसी

बी] ट्रांसफार्मर

सी] प्रत्यक्ष

डी] उपरोक्त में से कोई नहीं

12. .... युग्मन अधिकतम वोल्टेज लाभ प्रदान करता है

ए] आरसी

बी] ट्रांसफार्मर

सी] प्रत्यक्ष

डी] प्रतिबाधा

13. व्यवहार में, वोल्टेज लाभ .... को व्यक्त किया जाता है

ए] डीबी . में

B] वोल्ट में

सी] एक संख्या के रूप में

डी] उपरोक्त में से कोई नहीं

14. ट्रांसफार्मर कपलिंग उच्च दक्षता प्रदान करता है क्योंकि ....

ए] कलेक्टर वोल्टेज बढ़ाया जाता है

बी] प्रतिरोधकमहै

सी] कलेक्टर वोल्टेज नीचे ले जाया जाता है

डी] उपरोक्त में से कोई नहीं

15. लोड प्रतिरोध होने पर ट्रांसफार्मर कपलिंग आमतौर पर नियोजित होती है ....

एक बड़ा

बी] बहुत बड़ा

सी] छोटा

डी] उपरोक्त में से कोई नहीं

16. यदि थ्री-स्टेज एम्पलीफायर का व्यक्तिगत चरण लाभ 10 डीबी, 5 डीबी और 12 डीबी है, तो डीबी में कुल लाभ .... है।

ए] 600 डीबी

बी] 24 डीबी

सी] 14 डीबी

डी] 27 डीबी

17. मल्टीस्टेज एम्पलीफायर का अंतिम चरण .... का उपयोग करता है

ए] आरसी कपलिंग

बी] ट्रांसफार्मरयुग्मन

सी] प्रत्यक्ष युग्मन

डी] प्रतिबाधा युग्मन

18. कान .... के प्रति संवेदनशील नहीं है।

ए] आवृत्तिविरूपण

बी] आयाम विकृति

सी] आवृत्ति के साथ-साथ आयाम विकृति

डी] उपरोक्त में से कोई नहीं

19. RC कपलिंग का उपयोग अत्यंत कम आवृत्तियों को बढ़ाने के लिए नहीं किया जाता है क्योंकि ....

ए] काफी बिजली नुकसान होता है

B] आउटपुट में hum है

C] कपलिंगकैपेसिटरकाविद्युतआकारबहुतबड़ाहोजाताहै

डी] उपरोक्त में से कोई नहीं

20. ट्रांजिस्टर एम्पलीफायरों में, हम .... का उपयोग करते हैं। प्रतिबाधा मिलान के लिए ट्रांसफार्मर

ए] कदम बढ़ाएं

बी] नीचेकदम

सी] समान मोड़ अनुपात

डी] उपरोक्त में से कोई नहीं

21. निचली और ऊपरी कट ऑफ आवृत्तियों को .... आवृत्तियां भी कहा जाता है

ए] साइडबैंड

बी] गुंजयमान

सी] अर्ध-गुंजयमान

डी] <u>अर्ध-शक्ति</u>

22. सत्ता में 1,000,000 गुना लाभ .... द्वारा व्यक्त किया जाता है।

ए] 30 डीबी

बी] <u>60 डीबी</u>

सी] 120 डीबी

डी] 600 डीबी

23. वोल्टेज में 1000 गुना का लाभ .... द्वारा व्यक्त किया जाता है।

ए] <u>60 डीबी</u>

बी] 30 डीबी

सी] 120 डीबी

डी] 600 डीबी

24. 1 डीबी .... शक्ति स्तर में परिवर्तन से मेल खाती है

ए] 50%

बी] 35%

सी] <u>26%</u>

डी] 22%

25. 1 डीबी .... से मेल खाती है। वोल्टेज या वर्तमान स्तर में परिवर्तन

ए] <u>40%</u>

बी] 80%

सी] 20%

डी] 25%

26. ट्रांसफॉर्मर कपलिंग की आवृत्ति प्रतिक्रिया ....

एक अच्छा

बी] बहुत अच्छा

सी] उत्कृष्ट

डी] <u>गरीब</u>

27. एक मल्टीस्टेज एम्पलीफायर के प्रारंभिक चरणों में, हम .... का उपयोग करते हैं।

ए] <u>आरसीकपलिंग</u>

बी] ट्रांसफार्मर युग्मन

सी] प्रत्यक्ष युग्मन

डी] उपरोक्त में से कोई नहीं

28. एक मल्टीस्टेज एम्पलीफायर का कुल लाभ .... के कारण अलग-अलग चरणों के लाभ के उत्पाद से कम है।

ए] युग्मन डिवाइस में बिजली की कमी

बी] अगलेचरणकालोडिंगप्रभाव

C] कई ट्रांजिस्टर का उपयोग

डी] कई कैपेसिटर का उपयोग

29. एक एम्पलीफायर का लाभ db में व्यक्त किया जाता है क्योंकि ....

ए] यह एक साधारण इकाई है

बी] गणना आसान हो जाती है

सी] मानवकानप्रतिक्रियालॉगरिदमिकहै

डी] उपरोक्त में से कोई नहीं

30. यदि एक एम्पलीफायर का शक्ति स्तर आधा हो जाता है, तो डीबी लाभ ...... से गिर जाएगा।

ए] 5 डीबी

बी] 2 डीबी

सी] 10 डीबी

डी] 3 डीबी

31. 2000 का वर्तमान प्रवर्धन .... का लाभ है।

ए] 3 डीबी

बी] 66 डीबी

सी] 20 डीबी

डी] 200 डीबी

32. एक एम्पलीफायर 0.1 W इनपुट सिग्नल प्राप्त करता है और 15 W सिग्नल पावर देता है। डीबी में पावर गेन क्या है?

ए] 8 डीबी

बी] 6 डीबी

सी] 5 डीबी

डी] 4 डीबी

33. एक ऑडियो सिस्टम का पावर आउटपुट 18 W है। एक व्यक्ति को सिस्टम के आउटपुट (जोर या ध्वनि की तीव्रता) में वृद्धि को नोटिस करने के लिए, आउटपुट पावर को कितना बढ़ाया जाना चाहिए?

ए] 2 डब्ल्यू

बी] 6 डब्ल्यू

सी] 68 डब्ल्यू

डी] उपरोक्त में से कोई नहीं

34. एक माइक्रोफोन का आउटपुट -52 डीबी पर रेट किया गया है। निर्दिष्ट शर्तों के तहत संदर्भ स्तर 1V है। समान ध्वनि स्थितियों में इस माइक्रोफ़ोन का आउटपुट वोल्टेज क्या है?

ए] 5 एमवी

बी] 2 एमवी

सी] 8 एमवी

डी] 5 एमवी

35. आरसी कपलिंग आम तौर पर .... के कारण कम बिजली के अनुप्रयोगों तक ही सीमित है।

ए] युग्मन संधारित्र का बड़ा मूल्य

बी] कमदक्षता

सी] बड़ी संख्या में घटक

डी] उपरोक्त में से कोई नहीं

36. सीधे युग्मित किए जा सकने वाले चरणों की संख्या सीमित है क्योंकि ....

ए] तापमानमेंपरिवर्तनथर्मलअस्थिरताकाकारणबनताहै

बी] सर्किट भारी और महंगा हो जाता है

C] सर्किट को बायस करना मुश्किल हो जाता है

डी] उपरोक्त में से कोई नहीं

37. RC या ट्रांसफॉर्मर कपलिंग का उद्देश्य ....

ए] ब्लॉक एसी

बी] एकचरणकेपूर्वाग्रहकोदूसरेसेअलगकरें

सी] थर्मल स्थिरता बढ़ाएं

डी] उपरोक्त में से कोई नहीं

38. ऊपरी या निचली कट ऑफ आवृत्ति को ....आवृत्ति भी कहा जाता है

ए] गुंजयमान

बी] साइडबैंड

सी] 3 डीबी

डी] उपरोक्त में से कोई नहीं

39. सिंगल स्टेज एम्पलीफायर की बैंडविड्थ .... है। एक मल्टीस्टेज एम्पलीफायर का

ए] सेअधिक

बी] वही
सी] से कम
डी] डेटा अपर्याप्त
40. एक मल्टीस्टेज एम्पलीफायर में एमिटर कैपेसिटर सीई का मान लगभग .... है।
ए] 1 μF
बी] 100 पीएफ
सी] 0.01 μF
डी] 50 μF
1. एक अर्धचालक .... बांडों द्वारा बनता है।
ए] सहसंयोजक
बी] इलेक्ट्रोवैलेंट
सी] समन्वय
डी] उपरोक्त में से कोई नहीं
2. एक अर्धचालक में प्रतिरोध का .... तापमान गुणांक होता है।
सकारात्मक
बी] शून्य
सी] नकारात्मक
डी] उपरोक्त में से कोई नहीं
3. सबसे अधिक इस्तेमाल किया जाने वाला सेमीकंडक्टर ....
ए] जर्मेनियम
बी] सिलिकॉन
सी] कार्बन
डी] सल्फर
6. एक शुद्ध सिलिकॉन की प्रतिरोधकता लगभग ....
ए] 100 ओ सेमी
बी] 6000 हेसेमी
सी] 3 x 105 ओ एम
डी] 6 x 10-8 हे सेमी
7. जब एक शुद्ध अर्धचालक को गर्म किया जाता है तो उसका प्रतिरोध ....
ए] ऊपर जाता है
बी] नीचेचलाजाताहै
सी] वही रहता है
डी] नहीं कह सकता
8. सेमीकंडक्टर क्रिस्टल की ताकत .... से आती है।

ए] नाभिकों के बीच बल
बी] प्रोटॉन के बीच बल
सी] इलेक्ट्रॉन-जोड़ीबंधन
डी] उपरोक्त में से कोई नहीं

9. जब एक शुद्ध अर्धचालक में पेंटावैलेंट अशुद्धता डाली जाती है, तो यह ....
ए] एक इन्सुलेटर
बी] एक आंतरिक अर्धचालक
सी] पी-प्रकार अर्धचालक
डी] एन-प्रकारअर्धचालक

10. अर्धचालक में पेंटावैलेंट अशुद्धता मिलाने से कई ....
ए] मुक्तइलेक्ट्रॉन
बी] छेद
सी] वैलेंस इलेक्ट्रॉन
डी] बाध्य इलेक्ट्रॉन

11. एक पेंटावैलेंट अशुद्धता में .... अणु की संयोजन क्षमता
ए] 35
बी] 4
सी] 6

12. एक n-प्रकार का अर्धचालक .... है
ए] सकारात्मक चार्ज
बी] नकारात्मक चार्ज
सी] विद्युतरूपसेतटस्थ
डी] उपरोक्त में से कोई नहीं

14. अर्धचालक में त्रिसंयोजी अशुद्धता मिलाने से अनेक .... का निर्माण होता है।
ए] छेद
बी] मुक्त इलेक्ट्रॉन
सी] वैलेंस इलेक्ट्रॉन
डी] बाध्य इलेक्ट्रॉन

15. अर्धचालक में एक छिद्र को .... के रूप में परिभाषित किया जाता है।
ए] एक मुक्त इलेक्ट्रॉन
बी] एकइलेक्ट्रॉनजोड़ीबंधनकाअधूराहिस्सा
सी] एक मुक्त प्रोटॉन
डी] एक मुक्त न्यूट्रॉन

16. एक बाह्य अर्धचालक में अशुद्धता स्तर शुद्ध अर्धचालक का लगभग ..... होता है।

ए] 108 परमाणुओं के लिए 10 परमाणु

बी] <u>108 परमाणुओंकेलिए 1 परमाणु</u>

सी] 104 परमाणुओं के लिए 1 परमाणु

डी] 100 परमाणुओं के लिए 1 परमाणु

17. जैसे-जैसे शुद्ध अर्धचालक का डोपिंग बढ़ता है, अर्धचालक का थोक प्रतिरोध ....

ए] वही रहता है

बी] बढ़ता है

सी] <u>घटताहै</u>

डी] उपरोक्त में से कोई नहीं

18. निकट में एक छिद्र और इलेक्ट्रॉन .... की ओर प्रवृत्त होंगे।

ए] एक दूसरे को पीछे हटाना

बी] <u>एकदूसरेकोआकर्षितकरें</u>

सी] एक दूसरे पर कोई प्रभाव नहीं है

डी] उपरोक्त में से कोई नहीं

19. एक अर्धचालक में, धारा चालन .... के कारण होता है।

ए] केवल छेद

B] केवल मुक्त इलेक्ट्रॉन

सी] <u>छेदऔरमुक्तइलेक्ट्रॉन</u>

डी] उपरोक्त में से कोई नहीं

20. थर्मल आंदोलन के कारण छिद्रों और मुक्त इलेक्ट्रॉनों की याद्दच्छिक गति को .... कहा जाता है।

ए] <u>प्रसार</u>

बी] दबाव

सी] आयनीकरण

डी] उपरोक्त में से कोई नहीं

21. एक अग्रदिशिक बायस्ड pn जंक्शन डायोड में कोटि का प्रतिरोध होता है

ए] <u>ठीकहै</u>

बी] ओ

सी] एमओ

डी] उपरोक्त में से कोई नहीं

22. एक पीएन जंक्शन पूर्वाग्रह को आगे बढ़ाने के लिए आवश्यक बैटरी कनेक्शन हैं ......

A] <u>+ve टर्मिनलसे p और –ve टर्मिनलसे n . तक</u>

B] -ve टर्मिनल से p और +ve टर्मिनल से n

C] -ve टर्मिनल से p और -ve टर्मिनल से n . तक

डी] उपरोक्त में से कोई नहीं

23. जर्मेनियम के लिए pn जंक्शन पर बैरियर वोल्टेज लगभग .... के बारे में है

ए] 5 वी

बी] 3 वी

सी] शून्य

डी] 3 वी

24. pn जंक्शन के ह्रास क्षेत्र में .... की कमी होती है।

ए] स्वीकर्ता आयन

बी] छेदऔरइलेक्ट्रॉन

सी] दाता आयन

डी] उपरोक्त में से कोई नहीं

25. एक रिवर्स बायस पीएन जंक्शन में ....

ए] संकीर्ण कमी परत

बी] लगभगकोईवर्तमाननहीं

सी] बहुत कम प्रतिरोध

डी] बड़ा वर्तमान प्रवाह

26. एक पीएन जंक्शन .... के रूप में कार्य करता है।

ए] नियंत्रित स्विच

बी] द्विदिश स्विच

सी] यूनिडायरेक्शनलस्विच

डी] उपरोक्त में से कोई नहीं

27. एक रिवर्स बायस्ड pn जंक्शन में के क्रम का प्रतिरोध होता है

ठीक

बी] ओ

सी] एमओ

डी] उपरोक्त में से कोई नहीं

28. एक pn जंक्शन के आर-पार लीकेज करंट .... के कारण होता है।

ए] अल्पसंख्यकवाहक

बी] अधिकांश वाहक

सी] जंक्शन समाई

डी] उपरोक्त में से कोई नहीं

29. जब एक बाह्य अर्धचालक का तापमान बढ़ा दिया जाता है, तो स्पष्ट प्रभाव ......

ए] जंक्शन समाई

बी] अल्पसंख्यकवाहक

सी] अधिकांश वाहक

डी] उपरोक्त में से कोई नहीं

30. एक पीएन जंक्शन के लिए आगे के पूर्वाग्रह के साथ, कमी परत की चौड़ाई ....

ए] घटताहै

बी] बढ़ता है

सी] वही रहता है

डी] उपरोक्त में से कोई नहीं

31. एक pn जंक्शन में लीकेज करंट के क्रम का है

ए] आ

बी] एमए

सी] केए

डी] µA

32. एक आंतरिक अर्धचालक में, मुक्त इलेक्ट्रॉनों की संख्या ....

ए] छिद्रोंकीसंख्याकेबराबरहोतीहै

बी] छिद्रों की संख्या से अधिक है

C] छिद्रों की संख्या से कम है

डी] उपरोक्त में से कोई नहीं

33. कमरे के तापमान पर, एक आंतरिक अर्धचालक में ....

ए] केवल कई छेद

B] कुछमुक्तइलेक्ट्रॉनऔरछिद्र

C] केवल कई मुक्त इलेक्ट्रॉन

डी] कोई छेद या मुक्त इलेक्ट्रॉन नहीं

34. पूर्ण तापमान पर, एक आंतरिक अर्धचालक में ....

ए] कुछ मुक्त इलेक्ट्रॉन

बी] कई छेद

सी] कई मुक्त इलेक्ट्रॉन

डी] कोईछेदयामुक्तइलेक्ट्रॉननहीं

35. कमरे के तापमान पर, एक आंतरिक सिलिकॉन क्रिस्टल लगभग ...... के रूप में कार्य करता है

ए] एक बैटरी

बी] एक कंडक्टर

सी] एकइन्सुलेटर

डी] तांबे के तार का एक टुकड़ा

1.निम्नलिखित में से किस आधार प्रणाली में 123 एक वैध संख्या नहीं है?

(ए) बेस 10

(बी) आधार 16

(सी) बेस 8

(डी) आधार 3

2. 1 KB के स्टोरेज का मतलब बाइट्स की निम्न संख्या है

(ए) 1000

(बी)964

(सी) 1024

(डी) 1064

3. बाइनरी नंबर का ऑक्टल समतुल्य क्या है:

10111101

(ए) 675

(बी) 275

(सी) 572

(डी) 573।

4. सही कथन चुनें:

(ए) एक स्थितीय संख्या प्रणाली में, प्रत्येक प्रतीक अपनी स्थिति के बावजूद समान मूल्य का प्रतिनिधित्व करता है

(बी) सिस्टम में प्रतीकों की संख्या के बराबर मान के रूप में स्थिति संख्या प्रणाली में उच्चतम प्रतीक

(सी) सटीकबाइनरीढूंढनाहमेशासंभवनहींहोताहै

(डी) प्रत्येक हेक्साडेसिमल अंक को तीन बाइनरी प्रतीकों के अनुक्रम के रूप में दर्शाया जा सकता है।

5.(21.125)10 का बाइनरी कोड है

(ए) 10101.001

(बी) 10100.001

(सी) 10101.010

(डी) 10100.111।

6.A NAND गेट को यूनिवर्सल लॉजिक एलिमेंट कहा जाता है क्योंकि

(ए) यह सभी द्वारा उपयोग किया जाता है

(बी) किसीभीतर्कसमारोहकोअकेलेनंदद्वारद्वारामहसूसकियाजासकताहै

(सी) सभी खनन तकनीक इष्टतम नंद गेट प्राप्ति के लिए लागू हैं

(डी) कई डिजिटल कंप्यूटर नंद द्वार का उपयोग करते हैं।

7. एनालॉग कंप्यूटर की तुलना में डिजिटल कंप्यूटर अधिक व्यापक रूप से उपयोग किए जाते हैं,

क्योंकि वो है

(ए) कम खर्चीला

(बी) हमेशा अधिक सटीक और तेज

(सी) समस्याप्रकारोंकीविस्तृतश्रृंखलापरउपयोगी

(डी) बनाए रखना आसान है।

8. अधिकांश डिजिटल कंप्यूटरों में फ्लोटिंग पॉइंट हार्डवेयर नहीं होता है क्योंकि

(ए) फ्लोटिंगपॉइंटहार्डवेयरमहंगाहै

(बी) यह सॉफ्टवेयर से धीमा है

(सी) हार्डवेयर द्वारा फ्लोटिंग पॉइंट एडिशन करना संभव नहीं है

(डी) बिना किसी विशेष कारण के।

9. संख्या 1000 इसके ठीक बाद दिखाई देगी

(ए) एफएफएफएफ (हेक्स)

(बी) 1111 (बाइनरी)

(सी) 7777 (ऑक्टल)

(घ) उपरोक्तसभी।

10. (1(10101)2 is

(ए) (37)10

(बी) (69)10

(सी) (41)10

(डी) - (5)10

11. n चर द्वारा उत्पन्न किए जा सकने वाले बूलियन कार्यों की संख्या बराबर है

(ए) 2एन

(बी) 22 एन

(सी) 2n-1

(डी) - 2n

12. दो के पूरक, एक के पूरक, या चिह्न और परिमाण द्वारा छह-बिट संख्याओं के प्रतिनिधित्व पर विचार करें: पूर्णांक 011000 और 011000 के अतिरिक्त से किस प्रतिनिधित्व में अतिप्रवाह है?

(ए) केवल दो के पूरक

(बी) संकेत और परिमाण और केवल एक का पूरक

(सी) दो के पूरक और केवल एक के पूरक

(डी) सभीतीनप्रतिनिधित्व।

13. एक हेक्साडेसिमल ओडोमीटर F 52 F प्रदर्शित करता है। अगली रीडिंग होगी

(ए) एफ52ई

(बी)जी52एफ

(सी)F53F

(डी) F53O|

14. तर्क परिपथ में धनात्मक तर्क वह है जिसमें

(ए) तर्क 0 और 1 क्रमशः 0 और सकारात्मक वोल्टेज द्वारा दर्शाए जाते हैं

(बी) तर्क 0 और -1 क्रमशः नकारात्मक और सकारात्मक वोल्टेज द्वारा दर्शाए जाते हैं

(सी) तर्क 0 वोल्टेज स्तर तर्क 1 वोल्टेज स्तर से अधिक है

(डी) तर्क 0 वोल्टेजस्तरतर्क 1 वोल्टेजस्तरसेकमहै।

15. निम्न में से कौन सा गेट दो स्तरीय लॉजिक गेट है

(ए) या गेट

(बी) नंद गेट

(सी) अनन्ययागेट

(डी) गेट नहीं।

16. लॉजिक परिवारों में, 4 बिट सिंक्रोनस काउंटर में 100 मेगाहर्ट्ज से अधिक उच्च आवृत्ति पर उपयोग किया जा सकने वाला परिवार है

(ए) टीटीएलएएस

(बी) सीएमओएस

(सी) ईसीएल

(डी) टीटीएलएलएस

17. एक AND गेट OR if . के रूप में कार्य करेगा

(ए) फाटकों के लिए सभी इनपुट "1" हैं

(बी) सभी इनपुट '0' हैं

(सी) इनपुट में से कोई भी "1" है

(डी) सभीइनपुटऔरआउटपुटपूरकहैं।

18. एक OR गेट में 6 इनपुट होते हैं। इसकी सत्य तालिका में इनपुट शब्दों की संख्या है

(ए) 6

(बी) 32

(सी) 64

(डी) 128

19. एक डिबगिंग सर्किट है

(ए) एक अद्भुत एमवी

(बी) एक बस्टेबल एमवी

(सी) एककुंडी

(डी) एक मोनोस्टेबल एमवी।

20. नंद। द्वार दूसरों पर पसंद किए जाते हैं क्योंकि ये

(ए) कम निर्माण क्षेत्र है

(बी) किसीभीगेटकोबनानेकेलिएइस्तेमालकियाजासकताहै

(सी) कम से कम इलेक्ट्रॉनिक बिजली का उपभोग करें

(डी) एक चिप में अधिकतम घनत्व प्रदान करते हैं।

21. OR गेट के मामले में, इनपुट की संख्या कितनी भी क्यों न हो, a

(ए) किसीभीइनपुटपर 1 आउटपुटकोतर्कपरहोनेकाकारणबनताहै 1

(बी) 1 किसी भी इनपुट पर आउटपुट को तर्क 0 . पर होने का कारण बनता है

(सी) 0 कोई भी इनपुट आउटपुट को तर्क 0 . पर होने का कारण बनता है

(डी) 0 किसी भी इनपुट पर आउटपुट को तर्क 1 पर होने का कारण बनता है।

22. 7400 NAND गेट का पंखा है

(ए) 2 टीटीएल

(बी) 5 टीटीएल

(सी) 8 टीटीएल

(डी) 10टीटीएल

23. अतिरिक्त -3 कोड को के रूप में जाना जाता है

(ए) भारित कोड

(बी) चक्रीय अतिरेक कोड

(सी) स्व-पूरककोड

(डी) बीजगणितीय कोड।

के24. डेटा के लिए 8 बिट, समता के लिए 1 बिट, मैं बिट शुरू करता हूं और 2 स्टॉप बिट्स मानता हूं, 1200 बीपीएस संचार लाइन संचारित कर सकने वाले वर्णों की संख्या है

(ए) 10 सीपीएस

(बी) 120 सीपीएस

(सी) 12 सीपीएस

(डी) उपरोक्त में से कोई नहीं।

1. "इलेक्ट्रोड पर मुक्त आयन का द्रव्यमान विद्युत की मात्रा के समानुपाती होता है"। उपरोक्त कथन से सम्बंधित है

(ए) न्यूटन का नियम

(बी) फैराडे के विद्युत चुम्बकीय कानून

(c) फैराडेकाइलेक्ट्रोलिसिसकानियम

(डी) गॉस का कानून

2. किसी पदार्थ के एक ग्राम समतुल्य को मुक्त करने के लिए आवश्यक आवेश को ______ स्थिरांक कहा जाता है

(एक वक़्त

(बी) फैराडेके

(सी) बोल्ट्जमैन

3. लेड-एसिड सेल को चार्ज करने के दौरान

(ए) इसकावोल्टेजबढ़ताहै

(बी) यह ऊर्जा देता है

(c) इसका कैथोड डार्क चॉकलेट ब्राउन रंग का हो जाता है

(डी) H2SO4 का विशिष्ट गुरुत्व घटता है

4. लेड-एसिड सेल की क्षमता किस पर निर्भर नहीं करती है?

(तापमान

(बी) प्रभारकीदर

(सी) निर्वहन की दर

(डी) सक्रिय सामग्री की मात्रा

5. लीड-एसिड बैटरी के इलेक्ट्रोलाइट के विशिष्ट गुरुत्व को चार्ज करने के दौरान

(ए) बढ़ताहै

(बी) घटता है

(सी) वही रहता है

(डी) शून्य हो जाता है

6. पूरी तरह से चार्ज लेडएसिड बैटरी की सकारात्मक और नकारात्मक प्लेटों पर सक्रिय सामग्री हैं

(ए) सीसा और सीसा पेरोक्साइड

(बी) लेड सल्फेट और लेड

(सी) सीसापेरोक्साइडऔरसीसा

(डी) उपरोक्त में से कोई नहीं

7. जब एक लेड-एसिड बैटरी पूरी तरह से चार्ज की स्थिति में होती है, तो उसके धनात्मक का रंग

प्लेट है

(ए) गहरा भूरा

(बी) भूरा

(सी) गहराभूरा

(डी) उपरोक्त में से कोई नहीं

8. निकल-लौह बैटरी की सक्रिय सामग्री हैं

(ए) निकल हाइड्रॉक्साइड

(6) चूर्ण लोहा और उसका ऑक्साइड

(सी) केओएच का 21% समाधान

(डी) उपरोक्तसभी

9. एक लेड-एसिड सेल की एम्पीयर-घंटे की दक्षता और वाट-घंटे की दक्षता का अनुपात है

(ए) सिर्फ एक

(बी) हमेशाएकसेबड़ा

(सी) हमेशा एक से कम

(डी) उपरोक्त में से कोई नहीं।

10. लेड-एसिड बैटरी पर आवेश की स्थिति के बारे में सबसे अच्छा संकेत किसके द्वारा दिया जाता है

(ए) आउटपुट वोल्टेज

(बी) इलेक्ट्रोलाइट का तापमान

(सी) इलेक्ट्रोलाइटकीविशिष्टगुरुत्व

(डी) उपरोक्त में से कोई नहीं

11. आमतौर पर इलेक्ट्रिक पावर स्टेशन में उपयोग की जाने वाली स्टोरेज बैटरी है

(ए) निकल-कैडमियम बैटरी

(बी) जिंक-कार्बन बैटरी

(सी) लीड-एसिडबैटरी

(डी) उपरोक्त में से कोई नहीं

12. चार्जर का आउटपुट वोल्टेज है

(ए) बैटरी वोल्टेज से कम

(बी) बैटरीवोल्टेजसेअधिक

(सी) बैटरी वोल्टेज के समान

(डी) उपरोक्त में से कोई नहीं

13. कोशिकाओं को क्रम में क्रम से जोड़ा जाता है

(ए) वोल्टेजरेटिंगबढ़ाएं

(6) वर्तमान रेटिंग बढ़ाएँ

(सी) कोशिकाओं के जीवन में वृद्धि

(डी) उपरोक्त में से कोई नहीं

14. पांच 2 वी सेल समानांतर में जुड़े हुए हैं। आउटपुट वोल्टेज है

(ए) 1 वी

(6) 1.5 वी

(सी) 1.75 वी

(डी) 2 वी

15. बैटरी की क्षमता को के रूप में व्यक्त किया जाता है

(ए) वर्तमान रेटिंग

(बी) वोल्टेज रेटिंग

(सी) एम्पीयर-घंटेरेटिंग

(डी) उपरोक्त में से कोई नहीं

16. निकल-लौह सेल के चार्जिंग और डिस्चार्जिंग के दौरान

(ए) संक्षारक धुएं का उत्पादन किया जाता है

(बी) पानीनतोबनताहैऔरनहीअवशोषितहोताहै

(सी) निकल हाइड्रॉक्साइड अविभाजित रहता है

(डी) इसका ईएमएफ स्थिर रहता है

17. निरंतर-वर्तमान प्रणाली की तुलना में, लीड एसिड सेल चार्ज करने की निरंतर-वोल्टेज प्रणाली का लाभ होता है

(ए) चार्ज करने का समय कम करना

(बी) सेल क्षमता बढ़ाना

(सी) दोनों (ए) और (बी)

(डी) अत्यधिक गैसिंग से बचना

18. एक डेड स्टोरेज बैटरी को किसके द्वारा पुनर्जीवित किया जा सकता है?

(ए) आसुत जल जोड़ना

(6) तथाकथित बैटरी रिस्टोरर जोड़ना

(सी) H_2SO_4 . की एक खुराक

(डी) उपरोक्तमेंसेकोईनहीं

19. लेड-एसिड सेल की तुलना में, निकेल-आयरन सेल की दक्षता इसके कारण कम होती है

(ए) कॉम्पैक्टनेस

(बी) कम ईएमएफ

(सी) इलेक्ट्रोलाइट की छोटी मात्रा का इस्तेमाल किया गया

(डी) उच्चआंतरिकप्रतिरोध

20. स्टोरेज बैटरी की ट्रिकल चार्जिंग से मदद मिलती है

(ए) उचित इलेक्ट्रोलाइट स्तर बनाए रखें

(बी) अपनी आरक्षित क्षमता में वृद्धि

(सी) सल्फेशन को रोकें

(डी) इसेताजाऔरपूरीतरहचार्जरखें

21. कोशिका के वे पदार्थ जो रासायनिक संयोजन में सक्रिय भाग लेते हैं और इसलिए चार्जिंग या डिस्चार्जिंग के दौरान बिजली उत्पन्न करते हैं, _______ सामग्री के रूप में जाने जाते हैं।

(ए) निष्क्रिय

(बी) सक्रिय

(सी) अनावश्यक

(डी) जड़ता

22. एक लेड-एसिड सेल में तनु सल्फ्यूरिक एसिड (इलेक्ट्रोलाइट) में लगभग निम्नलिखित शामिल होते हैं:

(ए) एक भाग H2O, तीन भाग H2SO4

(बी) दो भाग H2O, दो भाग H2SO4

(c) तीनभाग H2O, एकभाग H2SO4

(डी) सभी एच2एस04

23. यह देखा गया है कि ड्यूरम चार्जिंग

(ए) वोल्टेज में वृद्धि हुई है

(बी) ऊर्जा सेल द्वारा अवशोषित होती है

(सी) H2SO4 का विशिष्ट गुरुत्व बढ़ जाता है

(डी) उपरोक्तसभी

24. यह देखा गया है कि निर्वहन के दौरान निम्नलिखित नहीं होता है

(ए) एनोड और कैथोड दोनों बन जाते हैं PbS04

(बी) H2SO4 का विशिष्ट गुरुत्व घटता है

(सी) सेल का वोल्टेज घटता है

(डी) सेलऊर्जाकोअवशोषितकरताहै

25. लेडएसिड सेल की एम्पीयर-घंटे दक्षता सामान्य रूप से के बीच होती है

(ए) 20 से 30%

(बी) 40 से 50%

(सी) 60 से 70%

(डी) 90 से 95%

26. लेड-एसिड सेल की वाट-घंटे की दक्षता के बीच भिन्न होती है

(ए) 25 से 35%

(बी) 40 से 60%

(सी) 70 से 80%

(डी) 90 से 95%

27. लेड-एसिड सेल की क्षमता को में मापा जाता है

(ए) एम्पीयर

(बी) <u>एम्पीयर-घंटे</u>

(सी) वाट

(डी) वाट-घंटे

28. लेड-एसिड सेल की क्षमता निर्भर करती है

(ए) निर्वहन की दर

(बी) तापमान

(सी) इलेक्ट्रोलाइट का घनत्व

(डी) <u>उपरोक्तसभी</u>

29. जब लेड-एसिड सेल पूरी तरह से चार्ज हो जाता है, तो इलेक्ट्रोलाइट ______ रूप धारण कर लेता है

(एक सुस्त

(बी) लाल

(सी) उज्ज्वल

(डी) <u>दूधिया</u>

30. एडिसन सेल का ईएमएफ, जब पूरी तरह से चार्ज होता है, लगभग होता है

(ए) <u>1.4 वी</u>

(बी) 1 वी

(सी) 0.9 वी

(डी) 0.8 वी

31. क्षार सेल का आंतरिक प्रतिरोध लेड एसिड सेल के लगभग ______ गुना है।

(दो

(बी) तीन

(सी) चार

(डी) <u>पांच</u>

32. क्षार सेल के लिए औसत चार्जिंग वोल्टेज लगभग है

(ए) 1 वी

(बी) 1.2 वी

(सी) <u>1.7 वी</u>

(डी) 2.1 वी

33. एडिसन सेल की औसतन एम्पियर-घंटे दक्षता लगभग है

(ए) 40%

(बी) 60%

(सी) 70%

(डी) 80%

34. सिल्वर-जिंक बैटरियों की धनात्मक प्लेटों का सक्रिय पदार्थ है

(ए) सिल्वरऑक्साइड

(बी) लीड ऑक्साइड

(सी) लीड

(डी) जिंक पाउडर

35. लेड-एसिड सेल में लगभग चार्ज और डिस्चार्ज का जीवन होता है

(ए) 500

(बी) 700

(सी) 1000

(डी) 1250

36. एडिसन कोशिका का जीवनकाल कम से कम होता है

(ए) पांचसाल

(बी) सात साल

(सी) आठ साल

(डी) दस साल

37. लेड-एसिड सेल का आंतरिक प्रतिरोध एडिसन सेल का होता है

(ए) सेकम

(बी) से अधिक

(सी) बराबर

(डी) उपरोक्त में से कोई नहीं

38. एडिसन सेल में प्रयुक्त इलेक्ट्रोलाइट है

(ए) NaOH

(बी) कोह

(सी) एचसी 1

(डी) एचएन03

39. लेड-एसिड सेल में प्रयुक्त इलेक्ट्रोलाइट है

(ए) NaOH

(बी) केवलH2S04

(सी) केवल पानी

(डी) पतला H2SO4

40. एडिसन सेल की ऋणात्मक प्लेट बनी होती है

(ए) तांबा

(बी) लीड

(सी) लोहा

(डी) चांदी ऑक्साइड

41. किसी भी स्टोरेज सेल का ओपन सर्किट वोल्टेज पूरी तरह से निर्भर करता है

(ए) इसके रासायनिक घटक

(बी) इसके इलेक्ट्रोलाइट के बल पर

(सी) इसका तापमान

(डी) उपरोक्तसभी

42. विद्युत अपघट्य का विशिष्ट गुरुत्व किसके द्वारा मापा जाता है?

(ए) मैनोमीटर

(6) एक यांत्रिक गेज

(सी) हाइड्रोमीटर

(डी) साइकोमीटर

43. जब लेड-एसिड सेल के इलेक्ट्रोलाइट का विशिष्ट गुरुत्व 1.1 से 1.15 तक कम हो जाता है, तो सेल में होता है

(ए) चार्ज राज्य

(बी) छुट्टीदेदीराज्य

(सी) दोनों (ए) और (बी)

(डी) सक्रिय राज्य

44. _______ प्रणाली में चार्जिंग करंट को रुक-रुक कर या तो a . पर नियंत्रित किया जाता है

अधिकतम या न्यूनतम मूल्य

(ए) दोदरप्रभारनियंत्रण

(बी) ट्रिकल चार्ज

(सी) फ्लोटिंग चार्ज

(डी) एक बराबर चार्ज

45. ओवर चार्जिंग

(ए) अत्यधिक गैसिंग पैदा करता है

(बी) सक्रिय सामग्री को ढीला करता है

(ई) तापमान को बढ़ाता है जिसके परिणामस्वरूप प्लेटों की बकलिंग होती है

(डी) उपरोक्तसभी

46. अंडरचार्जिंग

(ए) इलेक्ट्रोलाइटकेविशिष्टगुरुत्वकोकमकरताहै

(बी) इलेक्ट्रोलाइट के विशिष्ट गुरुत्व को बढ़ाता है

(सी) अत्यधिक गैसिंग पैदा करता है

(डी) तापमान बढ़ाता है

47. आंतरिक शॉर्ट सर्किट किसके कारण होते हैं

(ए) एक या अधिक विभाजकों का टूटना

(बी) कोशिका के तल पर तलछट का अतिरिक्त संचय

(सी) दोनों (ए) और (बी)

(डी) उपरोक्त में से कोई नहीं

48. सल्फेशन का प्रभाव यह है कि आंतरिक प्रतिरोध

(ए) बढ़ताहै

(बी) घटता है

(सी) वही रहता है

(डी) उपरोक्त में से कोई नहीं

49. प्लेटों की सतह पर लेड सल्फेट का अत्यधिक निर्माण किसके कारण होता है?

(ए) बैटरी को लंबे समय तक डिस्चार्ज की स्थिति में खड़े रहने देना

(बी) इलेक्ट्रोलाइट के साथ टॉपिंग

(सी) लगातार अंडरचार्जिंग

(डी) उपरोक्तसभी

50. वे पदार्थ जो आवेश के दौरान विद्युत ऊर्जा को संचित करने के लिए आपस में संयोग करते हैं, _______ पदार्थ कहलाते हैं

(ए) सक्रिय

(बी) निष्क्रिय

(सी) जड़ता

(डी) ढांकता हुआ

प्रश्न 1. निम्नलिखित में से कौन स्मृति की सबसे बड़ी इकाई है?

ए] गीगाबाइट्स।

बी] बाइट्स।

सी] मेगाबाइट्स।

डी] किलोबाइट्स।

प्रश्न 2. सॉफ्टवेयर का प्राथमिक उद्देश्य डेटा को चालू करना है।

एक वेबसाइट।

बी] सूचना।

सी] कार्यक्रम।

डी] ऑब्जेक्ट्स।

प्रश्न 3. जीयूआई के लिए खड़ा है

ए] ग्राफिकलयूजरइंटरफेस।

बी] ग्रेटर यूजर इंटरफेस।

सी] ग्राफिकल यूनियन इंटरफेस।

डी] ग्राफिकल यूजर इंटरेस्ट।

प्रश्न 4. की-बोर्ड की जिन पर तीर होता है, कहलाती है -

ए] फ़ंक्शन कुंजियाँ।

बी] नेविगेशनकुंजी।

सी] टाइपराइटर कुंजी।

डी] विशेष प्रयोजन कुंजी।

प्रश्न 5. ASSCII, EBCDIC और यूनिकोड एप्लीकेशन सॉफ्टवेयर के उदाहरण हैं

सत्य।

बी] झूठा।

प्रश्न 6. विंडोज़ ऑपरेटिंग सिस्टम में स्क्रीन के किसी भी हिस्से को एक्सेस करने का सबसे आसान तरीका है।

कुंजीपटल।

बी] चूहा।

सी] माउस।

डी]] जॉयस्टिक।

प्रश्न 7. एक सॉफ्टवेयर को a . भी कहा जाता है

एक प्रक्रिया।

बी] डेटा।

सी] कार्यक्रम।

डी] सूचना।

प्र.10. यूटिलिटी हार्ड डिस्क पर अनावश्यक फाइलों की पहचान करती है और यूजर कमांड के आधार पर उन्हें मिटा देती है।

एक बैकअप।

बी] फ़ाइल संपीड़न।

सी] प्रोग्राम अनइंस्टॉल करें।

डी]] डिस्कक्लीनअप।

प्रश्न 11. इस प्रकार का सॉफ़्टवेयर आपको अधिक उत्पादक कार्यों में मदद करने के लिए डिज़ाइन किया गया है, और लगभग हर डिस्क लाइव और व्यवसाय में व्यापक रूप से उपयोग किया जाता है।

ए] संचार सॉफ्टवेयर।

बी] उपयोगिता सॉफ्टवेयर।

सी] बेसिकएप्लीकेशनसॉफ्टवेयर।

डी] सिस्टम सॉफ्टवेयर।

प्रश्न 12. मिनी कंप्यूटर के रूप में भी जाना जाता है।

ए] मिडरेंजकंप्यूटर।

बी] पर्सनल डिजिटल कंप्यूटर।

सी] मेनफ्रेम कंप्यूटर।

डी] लैपटॉप कंप्यूटर।

प्रश्न 13. कंप्यूटर पर फास्ट गेम खेलने के लिए निम्न में से किस डिवाइस का उपयोग किया जाता है।

ए] सतह को स्पर्श करें।

बी] टच स्क्रीन.2

सी] ट्रैक बॉल।

डी] जॉयस्टिक।

प्रश्न 14. निम्नलिखित में से किसे पोर्टेबल कंप्यूटर नहीं माना जाएगा।

ए] डेस्कटॉपकंप्यूटर।

बी] नोट बुक कंप्यूटर।

सी] व्यक्तिगत डिजिटल सहायक।

डी] इनमें से कोई नहीं।

Q.19............. एक पॉइंटिंग डिवाइस है।

ए] माउस।

बी] प्रिंटर।

सी] स्कैनर।

डी] कीबोर्ड।

प्र.20. F1, F2 वगैरह लेबल वाली की-बोर्ड कीज को ....

ए] फ़ंक्शनकुंजियाँ।

बी] संख्यात्मक कुंजी।

सी] टाइपराइटर कुंजी।

डी] विशेष प्रयोजन कुंजी।

प्रश्न 21. कैप्स लॉक जैसी कुंजीपटल कुंजियाँ जो सुविधाओं को चालू या बंद करती हैं, कहलाती हैं।

ए] फ़ंक्शन कुंजियाँ।

बी] संयोजन कुंजी।

सी] कुंजीटॉगलकरें।

डी] विशेष प्रयोजन कुंजी।

प्रश्न 22. वर्ड प्रोसेसिंग, इलेक्ट्रॉनिक स्प्रेड शीट, डेटाबेस मैनेजर और ग्राफिक्स प्रोग्राम सभी को शीर्षक के तहत समूहीकृत किया जाता है।

ए] ब्राउजिंग प्रोग्राम।

बी] ऑपरेटिंग सिस्टम।

सी] एप्लीकेशनसॉफ्टवेयर।

डी] डेटा और सूचना।

प्रश्न 23. कीबोर्ड, माउस, मॉनिटर और सिस्टम यूनिट को सामूहिक रूप से के रूप में भी जाना जाता है

ए] ठोस बर्तन।

बी] सॉफ्टवेयर।

सी] हार्डवेयर।

डी] फर्म वेयर।

प्रश्न 29. की-बोर्ड पर 0-9 लेबल वाली कीज कहलाती हैं।

ए] फ़ंक्शन कुंजियाँ।

बी] संख्यात्मककुंजी।

सी] टाइपराइटर कुंजी।

डी] विशेष प्रयोजन कुंजी।

प्रश्न 31. .... में चरण-दर-चरण परिचय होता है जो कंप्यूटर को कार्य को पूरा करने का तरीका बताता है।

ए] कार्यक्रम।

बी] हार्डवेयर।

सी] डेटा।

डी] ऑब्जेक्ट्स।

Q.33....... एक बैकग्राउंड सॉफ्टवेयर है जो कंप्यूटर को उसके आंतरिक संसाधनों का प्रबंधन करने में मदद करता है।

ए] सिस्टमसॉफ्टवेयर।

बी] सूचना।

सी] ऑब्जेक्ट्स।

डी] इनमें से कोई नहीं।

प्रश्न 35. फ़ाइल संपीड़न प्रोग्राम निम्नलिखित हैं, EXCEPT

ए] जिप जीतो।

बी] छापे।

सी] आरएआर जीतो।

डी] पीके ज़िप।

प्रश्न 38. जिन कीबोर्ड कुंजियों पर तीर होते हैं, उन्हें कहा जाता है।

ए] फ़ंक्शन कुंजियाँ।

बी] संयोजन कुंजी।

सी] नेविगेशनकुंजी

डी] विशेष प्रयोजन कुंजी।

Q.42............ ग्राफिकल ऑब्जेक्ट हैं जिनका उपयोग आमतौर पर उपयोग किए जाने वाले एप्लिकेशन को दर्शाने और खोलने के लिए किया जाता है।

ए] जीयूआई।

बी] प्राइमर'।

सी] विंडोज एनटी।

डी] प्रतीक।

प्रश्न 44. RAM में संग्रहीत डेटा है

ए] गैर-वाष्पशील है।

बी] बिजलीचालूहोनेपरहीवहांहै।

सी] बिजली बंद होने के कुछ मिनट बाद ही रहता है।

डी] स्थायी है और केवल बिजली की विफलता में खो गया है।

प्रश्न 46. मॉनिटर का प्राथमिक कार्य उपयोगकर्ता को सूचना प्रदर्शित करना है।

ए] सच।

बी] झूठा।

प्रश्न 47. रैंडम एक्सेस मेमोरी] रैम। है .... स्मृति का प्रकार है।

एक स्थायी।

बी] अस्थायी।

सी] फ्लैश।

डी] स्मार्ट।

प्रश्न 5. विंडोज विस्टा का उपयोग कैसे करें, समस्या निवारण जानकारी प्राप्त करने, समर्थन प्राप्त करने आदि के बारे में जानने के लिए आप .... पर क्लिक कर सकते हैं।

एक खोज"

बी] "विंडोज"

सी] "शुरू"

डी] "सहायताऔरसमर्थन"

प्रश्न 6. एमएस पेंट में घुमावदार रेखा खींचने के लिए, हमें .... आइकन पर क्लिक करना होता है।

ए] "वक्र"

बी] "लाइन"

सी] "बहुभुज"

डी] "आयत"

प्रश्न 7. .... का अर्थ है मुद्रित किए जाने वाले वर्णों की ऊंचाई और चौड़ाई।

ए] "फ़ॉन्टआकार"

बी] "सीमा"

सी] "सेल"

डी] "फ़ॉन्ट शैली"

प्रश्न 8. एक बटन है जो "टाइटल बार" पर मौजूद नहीं है।

ए] छोटा करें

बी] प्रारंभ

सी] अधिकतम करें

डी] बंद करें

प्र.9. डिस्क डीफ़्रेग्मेंटर का उपयोग आपकी हार्ड डिस्क पर अनावश्यक फ़ाइलों को हटाने के लिए किया जाता है ताकि स्थान खाली हो सके और आपका कंप्यूटर तेज़ी से चल सके।

सत्य

बी] झूठा

प्रश्न 11. कैलकुलेटर एप्लिकेशन शुरू करने के लिए "स्टार्ट" पर क्लिक करें और "ऑल प्रोग्राम एक्सेसरीज कैलकुलेटर" चुनें।

ए] सच

बी] झूठा

प्रश्न 12. .... का उपयोग बड़े और जटिल टेक्स्ट दस्तावेज़ बनाने और प्रारूपित करने के लिए किया जा सकता है।

कैलकुलेटर"

बी] "वर्डपैड"

सी] "नोटपैड"

डी] "टेक्स्ट पैड"

प्रश्न 14. एक फोल्डर सिस्टम को "..............." भी कहा जाता है।

ए] "दिशा प्रणाली"

बी] "निर्देशिकाप्रणाली"

सी] "निर्देशिका सूची"

डी] "फोल्डर बुक"

प्रश्न 17. A........... एक कंटेनर की तरह है जिसमें आप फाइलों को स्टोर कर सकते हैं।

ए] "आइकन"

बी] "दस्तावेज़"

सी] "फ़ोल्डर"

डी] "शीट"

प्रश्न 18. ऑपरेटिंग सिस्टम का काम है .... से

ए] कई उपयोगी कमांड आसानी से निष्पादित करें।

बी] एक परिभाषित एप्लिकेशन प्रोग्राम इंटरफ़ेस के माध्यम से सेवा के लिए अनुरोध करने के लिए।

सी] कंप्यूटरकोसबसेमौलिकस्तरपरनियंत्रितकरनेकेलिए।

डी] इनमें से कोई नहीं।

प्र.19. विंडोज़ इंटरफ़ेस .... पर आधारित है।

ए] "ग्राफिकलयूज़रइंटरफेस" याजीयूआई

बी] एप्लीकेशन प्रोग्राम इंटरफेस या] एपीआई।

सी] "क्लिपबोर्ड"

डी] इनमें से कोई नहीं

प्रश्न 23. नोटपैड का उपयोग करके बनाई गई फ़ाइल को एक्सटेंशन के साथ संग्रहीत किया जाता है ....

ए] ".txt"

बी] ".docx"

सी] ".पीएनजी"

डी] ".जेपीजी"

प्र.25. जब आपका कंप्यूटर बूट हो जाता है और उपयोग के लिए तैयार हो जाता है, तो जो स्क्रीन आप देखते हैं उसे ....

ए] "टेबल टॉप"

बी] "डेस्कटॉप"

सी] "लैपटॉप"

डी] इनमें से कोई नहीं

प्रश्न 27. .... को स्पाई वेयर को रोकने और हटाने के लिए डिज़ाइन किया गया है।

ए] उपयोगकर्ता खाता नियंत्रण

बी] विंडोज फ़ायरवॉल

सी] विंडोजडिफेंडर

डी] माता-पिता का नियंत्रण

प्रश्न 29. "विंडोज एयरो" क्या है

ए] यह विंडोज एक्सपी के लिए ग्राफिकल यूजर इंटरफेस है।

बी] यहविंडोजविस्टाकेलिएग्राफिकलयूज़रइंटरफेसहै।

सी] आवेदन कार्यक्रम

डी] इनमें से कोई नहीं

प्रश्न 30. कंप्यूटर का मूल प्रोग्राम कौन सा है?

ए] <u>ऑपरेटिंगसिस्टम</u>

बी] सॉफ्टवेयर प्रोग्राम

सी] आवेदन कार्यक्रम

डी] इनमें से कोई नहीं

प्रश्न 34. दस्तावेज़ में प्रस्तुत सामग्री की उपस्थिति को बढ़ाने के लिए .... मेनू का उपयोग किया जाता है।

ए] "इन्सर्ट"

बी] "संपादित करें"

सी] <u>"प्रारूप"</u>

डी] "फाइल"

प्रश्न 35. पेंट ऑब्जेक्ट में टेक्स्ट जोड़ने के लिए "टेक्स्ट" टूल का उपयोग किया जाता है।

ए] <u>सच</u>

बी] झूठा

प्रश्न 36. "............." आपके कंप्यूटर को दुर्भावनापूर्ण सॉफ़्टवेयर से बचाने में मदद करता है।

ए] <u>"विंडोजफ़ायरवॉल"</u>

बी] "विंडोज डिफेंडर"

सी] "स्पाई वेयर"

डी] इनमें से।

प्रश्न 37. .... एक मूल पाठ संपादन प्रोग्राम है और इसका उपयोग
आमतौर पर पाठ फ़ाइलों को देखने या संपादित करने के लिए किया जाता है।

कैलकुलेटर"

बी] <u>"नोटपैड"</u>

सी] "पता पुस्तिका"

डी] "पेंट"

प्रश्न 38. विंडोज़ ऑपरेटिंग सिस्टम में स्क्रीन सेवर

A] आपके कंप्यूटर को कई प्रकार के दुर्भावनापूर्ण सॉफ़्टवेयर से बचाने में मदद करता है।

बी] एक लंबा, लंबवत बार है जो आपके डेस्कटॉप के किनारे प्रदर्शित होता है।

सी] <u>एकप्रोग्रामहैजोएकनिश्चितअवधिकेलिएइनपुटप्राप्तहोनेके</u>

बादकंप्यूटरपरछवि, एनीमेशन, यासिर्फएकखालीस्क्रीनपरप्रदर्शितहोताहै।

डी] इनमें से कोई नहीं।

प्र.40. विंडोज विस्टा में .... के प्रोग्राम वहीं रहते हैं और उन्हें शुरू करने के लिए क्लिक करने के लिए हमेशा उपलब्ध होते हैं।

ए] "सबसे अधिक बार उपयोग किए जाने वाले कार्यक्रमों की सूची।

बी] "पिनकिएगएआइटमसूची"

सी] "दस्तावेज़"

डी] "कंट्रोल पैनल"

प्रश्न 41. विंडोज विस्टा में .... एक बिजली की बचत करने वाला राज्य है।

ए] लॉग ऑफ

बी] नींद

सी] पुनरारंभ करें

डी] लॉक

प्रश्न 42. AERO .... का संक्षिप्त रूप है।

ए] प्रामाणिक, ऊर्जावान, चिंतनशीलऔरखुला।

बी] आवश्यक, चिंतनशील और खुला।

सी] अंकगणित, आवश्यक, प्रतिबिंबित और वस्तु।

डी] प्रामाणिक, आवश्यक, चिंतनशील और खुला।

प्रश्न 43. स्क्रीन के निचले भाग में, आप एक लंबी, पतली पट्टी देख सकते हैं, जिसे .... कहा जाता है।

ए] "टास्कबार"

बी] "टाइटल बार"

सी] "मेनू बार"

डी] "स्पेसबार"

प्रश्न 44. विंडोज विस्टा में एक "क्लिपबोर्ड" ....

ए] एक आवेदन कार्यक्रम

बी] जानकारीकेलिएएकअस्थायीभंडारणक्षेत्रजिसेआपनेएकस्थान सेकॉपीयास्थानांतरितकियाहैऔरकहींऔरउपयोगकरनेकीयोजनाहै।

सी] एक ऑपरेटिंग सिस्टम।

डी] इनमें से कोई नहीं।

प्रश्न 45. .... एक मूल पाठ संपादन प्रोग्राम है और इसका उपयोग आमतौर पर पाठ फ़ाइलों को देखने या संपादित करने के लिए किया जाता है।

कैलकुलेटर"

बी] "नोटपैड"

सी] "पता पुस्तिका"

डी] "पेंट"

प्रश्न 46. ...., एक ड्राइंग प्रोग्राम है जिसका उपयोग संशोधित ग्राफिक छवियों को बनाने के लिए किया जा सकता है।

एक ब्रश"

बी] "पेंट"

सी] "नोटपैड"

डी] "वर्डपैड"

प्रश्न 47. दस्तावेज़ में प्रस्तुत सामग्री की उपस्थिति को बढ़ाने के लिए .... मेनू का उपयोग किया जाता है।

ए] "इन्सर्ट"

बी] "संपादित करें"

सी] "प्रारूप"

डी] "फाइल"

प्रश्न 48. A............ स्क्रीन पर एक आयताकार खंड है जिसका उपयोग सूचना और अन्य प्रोग्राम को प्रदर्शित करने के लिए किया जाता है।

ए] चिह्न

बी] डेस्कटॉप

सी] खिड़की

डी] पैनल

प्रश्न 51. फ़ाइल के नाम में दो भाग होते हैं

ए] फ़ोल्डर का नाम

बी] एक्सटेंशन का उपयोग करें

सी] फ़ाइलकानाम

डी] उप फ़ोल्डर का उपयोग करें नाम

प्र.52. हम टेक्स्ट के माध्यम से नेविगेट कर सकते हैं

ए] सीपीयू

बी] माउस

सी] कुंजी बोर्ड

डी] मॉनिटर

प्रश्न 1. एमएस वर्ड 2007 में जब टेक्स्ट का चयन किया जाता है, तो एक "..........." स्वचालित रूप से प्रदर्शित होता है।

ए] टास्कबार

बी] मुख्य टूलबार

सी] मिनीटूलबार

डी] मेनू बार

प्रश्न 2. आप निम्न का उपयोग करके TOC बना सकते हैं:

ए] शीर्षक शैलियों।

बी] कस्टम शैलियों।

सी] रूपरेखा स्तर।

डी] येसभी।

प्रश्न 3. .... में फाइल को खोलने, सेव करने, प्रिंट करने और बंद करने का कमांड होता है।

घर"

बी] "कार्यालयबटन"

सी] "देखें"

डी] "इन्सर्ट"

प्रश्न 4. .... दस्तावेजों को डिजाइन करने के लिए कई प्रकार के विकल्प प्रदान करता है।

ए] माइक्रोसॉफ्ट एक्सेल

बी] माइक्रोसॉफ्ट पावरपॉइंट

सी] माइक्रोसॉफ्टवर्ड

डी] माइक्रोसॉफ्ट एक्सेस

प्रश्न 5. निम्नलिखित सभी रिबन टैब Word 2007 में प्रदर्शित होते हैं, सिवाय इसके कि

घर

बी] सम्मिलित करें

सी] उपकरण

डी] पेज लेआउट

प्र.9. वर्ड में फाइल को .... कहते हैं।

टेम्पलेट"

बी] "फॉर्म"

सी] "डेटाबेस"

डी] "दस्तावेज़"

प्रश्न 13. A............. एक दस्तावेज़ के एक भाग से संबंधित जानकारी के लिए उसी दूसरे भाग में एक संदर्भ है।

ए] हाइपरलिंक

बी] क्रॉस-रेफरेंस

सी] दस्तावेज़

डी] लिंकेज

प्रश्न 14. इंडेंटेशन के लिए आप अपने टेक्स्ट को इंडेंट करने के लिए "..........." टैब पर "पैराग्राफ" समूह में "डिक्रीज इंडेंट" और "इंडेंट इंडेंट" आइकन का उपयोग कर सकते हैं।

ए] सम्मिलित करें

बी] होम

सी] पेज लेआउट

डी] डेटा

प्रश्न 16. "..........." पर्यायवाची शब्दों का एक शब्दकोष है जिसका उपयोग आप ऐसे शब्दों को खोजने के लिए कर सकते हैं जो किसी शब्द के पर्यायवाची हैं।

ए] अनुवाद

बी] वर्तनी

सी] थिसॉरस

डी] अनुसंधान

प्रश्न 17. A "..............." उन विषयों की एक सूची है जो किसी दस्तावेज़ में उनके संबद्ध पृष्ठ संदर्भों के साथ दिखाई देते हैं।

ए] सूचकांक

बी] टेबल

सी] क्लिपबोर्ड

डी] सामग्रीकीतालिका

प्रश्न 18. आप एमएस वर्ड 2007 में उपलब्ध शैलियों को स्वचालित रूप से लागू करने वाले अपने दस्तावेज़ को प्रारूपित कर सकते हैं।

ए] सच

बी] झूठा

प्र.19. A "............" वर्तमान दस्तावेज़ में किसी स्थान का किसी अन्य दस्तावेज़ या वेब साइट से कनेक्शन है।

एक लिंक

बी] हाइपरलिंक

सी] हाइपोलिंक

डी] लिंकेज

प्रश्न 26. एक "................" एक पूर्व-डिज़ाइन किया गया दस्तावेज़ है जो सामान्य प्रयोजन के दस्तावेज़ जैसे फ़ैक्स, चालान या व्यावसायिक पत्र बनाने के लिए उपयोगी है।

ए] टेम्पलेट

बी] फ़ाइल

सी] फॉर्म

डी] डेटाबेस

प्रश्न 28. A "............" का उपयोग जानकारी को क्षैतिज पंक्तियों और लंबवत स्तंभों के आसानी से पढ़े जाने वाले प्रारूप में व्यवस्थित करने के लिए किया जाता है।

एक कोशिका

बी] शीट

सी] बॉक्स

डी] टेबल

प्रश्न 29. बाईं ओर अलग-अलग वर्ण को हटाने के लिए आप "..........." दबा सकते हैं।

ए] हटाएं

बी] बैकस्पेस

केंद्र

डी] स्पेसबार

प्रश्न 30. जब आप "होम" टैब पर "प्रारूप प्रिंटर" आइकन पर क्लिक करते हैं, तो आप देख सकते हैं कि आपका माउस पॉइंटर "..........." आइकन में बदल जाता है।

ए] तूलिका

बी] आई-बीम

सी] तीर

डी] 4-रास्ता तीर

प्रश्न 33। जब आप अपने माउस को एक बटन पर ले जाते हैं, तो एक .... प्रदर्शित होता है। यह एक विस्तृत विवरण प्रदान करता है कि बटन क्या करता है।

ए] सुपर-टूलटिप

बी] उप-टूलटिप

सी] जानकारी

डी] की-टिप

प्रश्न 35. ...... आवेदन पत्र, ब्रोशर, फैक्स और यहां तक कि पेशेवर मैनुअल से व्यक्तिगत पत्र जैसे विभिन्न प्रकार के लिखित दस्तावेज बनाने में आपकी मदद करते हैं।

ए] वर्डप्रोसेसर

बी] वर्ड पैड

सी] नोट पैड

डी] इनमें से कोई नहीं

प्र.40. दस्तावेज़ को स्वचालित रूप से सही करने के लिए, हम उपयोग करते हैं

ए] स्वत: सहीसुविधा

बी] ऑटो पूर्ण सुविधा

सी] स्वरूपण

डी] बिल्डिंग ब्लॉक्स

प्रश्न 41. समाचार पत्र के कॉलम के लिए एक "..........." एक सामान्य अनुप्रयोग है।

ए] समाचार पढ़ना

बी] समाचारपत्र

सी] समाचार

डी] समाचार संपादक

प्रश्न 47. किसी दस्तावेज़ में एक निश्चित स्थान को चिह्नित करने के लिए "..........." का उपयोग किया जाता है।

ए] सूचकांक

बी] हाइपरलिंक

सी] बुकमार्क

डी] टेबल

प्रश्न 50. पदानुक्रम में किसी आइटम के स्तर को बदलते समय आप इंडेंट का उपयोग करके बढ़ा सकते हैं

ए] "टैब"

बी] "बैकस्पेस"

सी] "हटाएं"

डी] "स्पेसबार"

प्रश्न 51. फ़ुटनोट्स या एंडनोट्स का उपयोग कुछ निश्चित "......................" प्रदान करने के लिए किया जाता है।

ए] संदर्भ

बी] सूचना

सी] अंक

डी] सूचियां

प्रश्न 1. सूत्र पट्टी में, एक आसन्न श्रेणी को आरंभिक और संपादन सेल पतों को a . द्वारा अलग करके निर्दिष्ट किया जाता है

ए] अर्धविराम

बी] अल्पविराम

सी] पूर्ण विराम

डी] कोलन

प्रश्न 3. ए .... डेटा का एक दृश्य प्रतिनिधित्व है और जानकारी को समझने में आसान और आकर्षक तरीके से बताता है।

ए] चार्ट

बी] टेबल

सी] चित्र

डी] ग्राफिक

प्रश्न 4. फ़ार्मुलों में, एक गैर-आसन्न श्रेणी को एक .... द्वारा अलग किए गए सेल पते देकर निर्दिष्ट किया जाता है।

ए] अर्धविराम

बी] <u>अल्पविराम</u>

सी] पूर्ण विराम

डी] कोलन

प्रश्न 5. आप अपनी कार्यपत्रक में सीधे संपादित करने के बजाय, डेटा दर्ज करने और संपादित करने के लिए .... का उपयोग कर सकते हैं।

ए] <u>फॉर्मूलाबार</u>

बी] शीर्षक बार

सी] मेनू बार

डी] स्पेस बार

प्रश्न 6. आपकी Excel 2007 फ़ाइल "............" एक्सटेंशन के साथ संग्रहीत है।

ए] ".docx"

बी] <u>".xlsx"</u>

सी] ".xltx"

डी] ".zltx"

प्र.9. "............" टैब में वर्तनी जांच जैसे अशुद्धि जाँच उपकरण होते हैं।

ए] <u>"समीक्षा"</u>

बी] "डेटा"

सी] "देखें"

डी] "इन्सर्ट"

प्रश्न 18. "............." एक ऐसी विधि है जो मूल्यों के पूर्वानुमान में आपकी सहायता करती है।

ए] "ढूंढें"

बी] "बदलें"

सी] <u>"लक्ष्यकीतलाश"</u>

डी] "जाओ"

प्र.20. ए "............" एक पूर्व लिखित सूत्र है जो स्वचालित रूप से गणना करता है।

ए] <u>"फ़ंक्शन"</u>

बी] "समीकरण"

सी] "टेम्पलेट"

डी] "प्रतिक्रिया"

प्रश्न 21. एमएस एक्सेल 2007 का उपयोग विभिन्न प्रकार के .... के लिए किया जाता है जो सरल से जटिल तक भिन्न होते हैं।

ए] गणना

बी] जोड़तोड़

सी] प्रस्तुतियाँ

डी] भाव

प्र.25. पदानुक्रम में किसी आइटम के स्तर को बदलते समय आप इंडेंट का उपयोग करके बढ़ा सकते हैं।

ए] "टैब"

बी] "बैकस्पेस"

सी] "हटाएं"

डी] "स्पेसबार"

प्रश्न 26. मार्जिन सेट करने के लिए, "पेज लेआउट" टैब पर "पेज सेटअप" समूह से "मार्जिन" चुनें।

ए] सच

बी] झूठा

प्रश्न 27. बाईं ओर अलग-अलग वर्ण निकालने के लिए आप "............" दबा सकते हैं।

ए] हटाएं

बी] बैकस्पेस

केंद्र

डी] स्पेसबार

प्रश्न 28. ड्रॉप कैप्स शुरुआत में पहले अक्षर हैं जो कई पंक्तियों में बातचीत करते हुए बढ़े हुए हैं।

ए] सच

बी] झूठा

प्रश्न 29. एक पंक्ति और एक स्तंभ के प्रतिच्छेदन को "..............." कहा जाता है।

मेज़

बी] सेल

सी] डेटा

डी] शीट

प्रश्न 30. A............ एक फाइल है जो एप्लिकेशन द्वारा "रेडी टू यूज" फॉर्मेट में उपलब्ध कराई जाती है।

एक पनना

बी] टेम्पलेट

सी] बुक

डी] रिपोर्ट

प्रश्न 31. A............. डेटा का एक दृश्य प्रतिनिधित्व है और जानकारी को समझने में आसान और आकर्षक तरीके से बताता है।

ए] चार्ट

बी] टेबल

सी] चित्र

डी] ग्राफिक

प्रश्न 35. "............" अलग-अलग डिज़ाइन हैं जिन्हें दस्तावेज़ के विभिन्न भागों पर लागू किया जा सकता है।

ए] "ग्राफिक्स"

बी] "शैलियाँ"

सी] "चित्र"

डी] "थीम्स"

प्रश्न 36. "............" में फाइल को खोलने, सेव करने, प्रिंट करने और बंद करने के लिए कमांड होते हैं।

ए] "देखें" टैब

बी] "कार्यालय बटन"

सी] "इन्सर्ट" टैब

डी] "समीक्षा" टैब

प्रश्न 39. पृष्ठ के शीर्ष मार्जिन में दिखाई देने वाले पाठ को .... कहा जाता है।

ए] फूटर

बी] कॉलम

सी] हैडर

डी] पैराग्राफ

प्रश्न 42. स्वत: सापेक्ष सेल संदर्भों को रोकने के लिए, यानी सेल संदर्भ को पूर्ण बनाने के लिए, कॉलम और पंक्ति संख्या से पहले एक .... वर्ण टाइप करें।

ए] # हैश।

बी] $ डॉलर।

सी]% प्रतिशत।

डी] * तारा।

प्रश्न 49. Microsoft Excel 2007 में, एक एकल फ़ाइल या दस्तावेज़ को "..........." कहा जाता है।

ए] कार्यपुस्तिका

बी] वर्कशीट

सी] शीट

डी] नोटबुक

प्रश्न 51. .... विकल्प के साथ, आप पंक्तियों और स्तंभों में से किसी एक या दोनों को फ्रीज कर सकते हैं। चाहे आप वर्कशीट में कहीं भी हों, आप हर समय इन पंक्तियों और/या कॉलम में जानकारी देख सकते हैं।

एक बँटवारा

बी] व्यवस्था

सी] फिटर

डी] पैनफ्रीजकरें

प्रश्न 54. MS Excel 2007 में एक टेम्प्लेट फ़ाइल का एक्सटेंशन "..............." होता है।

ए] .docx

बी] .yltx

सी] .xltx

डी] .zltx

प्रश्न 55. ए "...........।" एक लेखाकार के बहीखाते की तरह है जिसमें पंक्तियों और स्तंभों का समावेश होता है।

मेज़

बी] माइक्रोसॉफ्टएक्सेल 2007

सी] प्रारूप

डी] शीट

प्रश्न 3. एक "..............." ग्राफिक आपकी जानकारी और विचारों का एक दृश्य प्रतिनिधित्व है।

ए] "वर्डआर्ट"

बी] "क्लिपआर्ट"

सी] "स्मार्टआर्ट"

डी] "ऑटोशेप"

प्रश्न 5. "..........." उपयोग के लिए तैयार चित्र को संदर्भित करता है।

ए] "वर्डआर्ट"

बी] "क्लिपआर्ट"

सी] "स्मार्टआर्ट"

डी] "ऑटोशेप"

प्रश्न 8. "..........." टैब में ऐसे टूल होते हैं जो यह नियंत्रित करते हैं कि स्लाइड शो को कैसे प्रस्तुत किया जाए।

डिजाइन"

बी] "स्लाइडशो"

सी] "समीक्षा"

डी] "देखें"

प्र.10. .... जो आइकन प्रदर्शित करता है जो आमतौर पर उपयोग किए जाने वाले कमांड जैसे सेव, पूर्ववत और फिर से प्रदर्शित करता है।

ए] होम बटन

बी] रिबन

सी] क्विकएक्सेसटूलबार

डी] कार्यालय बटन

प्रश्न 11. A "..........." वर्तमान दस्तावेज़ में किसी स्थान, किसी अन्य दस्तावेज़ या वेबसाइट से एक कनेक्शन है।

ए] हाईलिंक

बी] हिपोलिंक

सी] लिंकेज

डी] हाइपरलिंक

प्रश्न 12. कंप्यूटर पर स्लाइड शो बनाने के लिए .... का उपयोग किया जाता है

ए] प्रस्तुतिग्राफिक्स

बी] विश्लेषणात्मक विकास कार्यक्रम

सी] सुपर स्लाइड पैकेज

डी] स्लाइड मेकर टूल्स

प्र.15. ग्राफिक प्रेजेंटेशन में प्रोग्राम प्रत्येक प्रेजेंटेशन को .... में बांटा गया है।

ए] चार्ट

बी] स्लाइड

सी] टेबल

डी] चित्र

प्र.19. एक "..........." एक पूर्व-डिज़ाइन की गई प्रस्तुति है जिसे सामान्य उद्देश्य जैसे कि फोटो एल्बम या क्विज़ शो के लिए डिज़ाइन किया गया है।

एक चार्ट"

बी] "टेबल"

सी] "स्लाइड"

डी] "टेम्पलेट"

प्रश्न 22. जब आप अपने माउस को साइज़िंग हैंडल पर ले जाते हैं तो पॉइंटर "..........." बन जाता है।

ए] गोल तीर

बी] दोसिरवालातीर

सी] प्लस साइन

डी] चार सिर वाला तीर

प्रश्न 23. पावरपॉइंट प्रेजेंटेशन निम्नलिखित एप्लिकेशन सॉफ्टवेयर का एक घटक है।

ए] लीप ऑफिस

बी] कार्यालय शुरू करें

सी] ओपन ऑफिस

डी] एमएसऑफिस

प्रश्न 29. आप स्क्रीन के नीचे "..........." पर प्रदर्शित बटनों को चेक करके प्रस्तुति दृश्य बदल सकते हैं।

ए] "टाइटल बार"

बी] "मेनू बार"

सी] "टूल बार"

डी] "स्टेटसबार"

प्रश्न 33। प्रेजेंटेशन ग्राफ़िक्स में "..........." का उपयोग आपकी प्रेजेंटेशन में हैंडआउट या नोट्स पेज के शीर्ष पर स्लाइड नंबर, समय और तारीख, कंपनी का लोगो या प्रेजेंटेशन शीर्षक जैसी जानकारी जोड़ने के लिए किया जाता है। , या स्लाइड के नीचे, हैंडआउट या नोट्स।

ए] हाइपरलिंक

बी] टेबल्स

सी] शीर्षलेखऔरपादलेख

डी] चार्ट

प्रश्न 35. "..........." वास्तविक स्लाइड शो प्रस्तुति की तरह पूर्ण कंप्यूटर स्क्रीन लेता है।

ए] स्लाइड सॉर्टर व्यू

बी] सामान्य दृश्य

सी] स्लाइडशोव्यू

डी] नोट्स पेज

प्रश्न 38. यदि आपकी प्रस्तुति में बड़ी संख्या में स्लाइड हैं, तो आपको अपनी सभी स्लाइडों को देखने और उनकी स्थिति बदलने के लिए .... का उपयोग करना अधिक

सुविधाजनक लग सकता है।

ए] सामान्य दृश्य

बी] स्लाइडसॉर्टरव्यू

सी] स्लाइड शो व्यू

डी] नोट्स पेज

प्र.40. माइक्रोसॉफ्ट पावरपॉइंट में आपकी फाइल को .... एक्सटेंशन के साथ स्टोर किया जाता है।

ए] पीएसडी

बी] .rtf

सी] .pptx

डी] .docx

प्रश्न 41. जब पॉइंटर .... बन जाता है, तो आप प्लेसहोल्डर को अपने इच्छित स्थान पर खींच सकते हैं।

ए] गोल तीर

बी] दो गोल तीर

सी] प्लस साइन

डी] चारसिरवालातीर

प्रश्न 43. "............" एक फ़ाइल के बारे में विवरण हैं जो इसे पहचानने में मदद करते हैं।

ए] डेस्कटॉप गुण

बी] विंडो गुण

सी] उन्नत गुण

डी] दस्तावेज़गुण

प्रश्न 46. "............." मुख्य संपादन दृश्य है।

ए] स्लाइड सॉर्टर व्यू

बी] सामान्यदृश्य

सी] स्लाइड शो व्यू

डी] नोट्स पेज

प्रश्न 49. "...........” टैब में मूल स्वरूपण उपकरण होते हैं।

डिजाइन"

बी] "देखें"

सी] "सम्मिलित करें"

डी] "होम"

प्रश्न 2. "............" एक डेटाबेस ऑब्जेक्ट है जो मुख्य रूप से रिकॉर्ड दर्ज करने और प्रदर्शित करने और स्क्रीन पर मौजूदा रिकॉर्ड में परिवर्तन करने के लिए उपयोग किया जाता

है।

पूछताछ।

बी] <u>रूप।</u>

सी] रिपोर्ट।

डी] टेबल।

प्रश्न 7. "............." एक इलेक्ट्रॉनिक डेटाबेस प्रबंधन प्रणाली है जो कई अलग-अलग तरीकों से जानकारी को स्टोर, व्यवस्थित, हेरफेर और प्रस्तुत कर सकती है।

ए] <u>एमएसएक्सेस 2007।</u>

बी] एमएस वर्ड।

सी] एमएस एक्सेल।

डी] एमएस पावरपॉइंट।

प्रश्न 11. "............." डेटा प्रकार का उपयोग केवल संख्याओं को संग्रहीत करने के लिए किया जाता है।

ए] ऑटो नंबर।

बी] पाठ।

सी] <u>संख्या</u>।

डी] दिनांक / समय।

प्रश्न 13. "............" एक्सेस 2007 में जानकारी संग्रहीत करता है।

ए] <u>टेबल।</u>

बी] प्रश्न।

सी] रिपोर्ट।

डी] फॉर्म।

प्र.15. "............." डेटा प्रकार का उपयोग छवियों, दस्तावेज़ों, ग्राफ़ आदि को संग्रहीत करने के लिए किया जाता है।

ए] हाइपरलिंक।

बी] <u>ओईएलऑब्जेक्ट।</u>

सी] पाठ।

डी] विवरण।

प्रश्न 16. "............" फ़ील्ड में दर्ज किए जा सकने वाले वर्णों की अधिकतम संख्या तय करता है।

ए] प्रारूप।

बी] इनपुट मास्क।

सी] कैप्शन।

डी] <u>क्षेत्रकाआकार।</u>

प्रश्न 17. एक डेटाबेस में जानकारी को .... में संग्रहीत किया जाता है।

एक चार्ट।

बी] बॉक्स।

सी] फ़ोल्डर।

डी] टेबल।

प्रश्न 18. "..........." डिफ़ॉल्ट डेटा प्रकार है और इसका उपयोग टेक्स्ट प्रविष्टियों जैसे शब्दों, शब्दों और संख्याओं के संयोजन और संख्याओं को संग्रहीत करने के लिए किया जाता है जो गणना में उपयोग नहीं किए जाते हैं।

पाठ।

बी] संख्या।

सी] मेमो।

डी] मुद्रा।

प्रश्न 21. एक्सेस में, प्रत्येक डेटाबेस एक फ़ाइल में संग्रहीत होता है जिसमें एक्सटेंशन होता है।

ए] ".docx"

बी] ".आरटीएफ"

सी] ".एसीसीडीबी"

डी] ".txt"

.

प्रश्न 23. A............ का प्रयोग किसी क्षेत्र में संग्रहीत डेटा की पहचान करने के लिए किया जाता है।

मेज़।

बी] क्षेत्रकानाम।

सी] बॉक्स।

डी] ब्रैकेट।

प्र.25. "............" डेटा प्रविष्टि को सरल करता है और नियंत्रित करता है कि कौन से डेटा की आवश्यकता है और इसे कैसे प्रदर्शित किया जाना है।

ए] प्रारूप।

बी] इनपुटमास्क।

सी] कैप्शन।

डी] क्षेत्र का आकार।

प्रश्न 27. .... कई प्रकार के डेटा प्रदान करता है।

ए] वर्ड 2007।

बी] एक्सेस 2007।

सी] एक्सेल 2007।

डी] पावरपॉइंट 2007।

Q.33."............" वे विंडो हैं जिन्हें आप तालिका में जानकारी को आसानी से देखने या बदलने के लिए बनाते और व्यवस्थित करते हैं।

मेज़।

बी] प्रश्न।

सी] रिपोर्ट।

डी] फॉर्म।

प्रश्न 34. "............" कुछ शर्तों या आवश्यकताओं को पूरा करने में आसान डेटा को प्रतिबंधित करता है।

ए] सत्यापन पाठ।

बी] डिफ़ॉल्ट मान।

सी] सत्यापननियम।

डी] प्रारूप।

प्रश्न 36. "............" डेटा प्रकार का उपयोग टेक्स्ट को स्टोर करने के लिए किया जाता है जो टेक्स्ट फ़ील्ड में संग्रहीत होने के लिए बहुत लंबा है।

पाठ।

बी] संख्या।

सी] मेमो।

डी] मुद्रा।

प्रश्न 38. "............" उपयोगकर्ता के लिए डेटा दर्ज करने के लिए फ़ील्ड कैप्शन या संकेत निर्दिष्ट करता है।

ए] प्रारूप।

बी] इनपुट मास्क।

सी] कैप्शन।

डी] क्षेत्र का आकार।

प्रश्न 43. एक प्राथमिक कुंजी होनी चाहिए

ए] अद्वितीय लेकिन परमिट शून्य।

बी] अद्वितीयऔरशून्यनहीं।

सी] गैर-अद्वितीय और शून्य नहीं।

डी] गैर-अद्वितीय और परमिट शून्य।

प्रश्न 44. निम्नलिखित में से कौन से कार्य DBA द्वारा निष्पादित किए जाते हैं?

ए] डेटाबेस डिजाइन।

बी] सिस्टम सुरक्षा।

सी] बैकअप और रिकवरी।

डी] उपरोक्तसभी।

प्रश्न 45. "............" एक संबंध डेटाबेस प्रबंधन अनुप्रयोग है जिसका उपयोग डेटाबेस बनाने और विश्लेषण करने के लिए किया जाता है।

ए] वर्ड 2007।

बी] एक्सेस 2007।

सी] सिस्टम सुरक्षा।

डी] पावरपॉइंट 2007।

प्रश्न 47. ए "............" आपकी तालिका में एक फ़ील्ड या फ़ील्ड का सेट है जो प्रत्येक रिकॉर्ड के लिए एक अद्वितीय पहचानकर्ता के साथ एक्सेस प्रदान करता है।

ए] पासवर्ड।

बी] विशेष कोड।

सी] प्राथमिककुंजी।

डी] अद्वितीय कोड।

प्रश्न 51. डेटाबेस को परिभाषित करने का पहला चरण क्या है।

ए] डेटाबेस डिजाइन करना।

बी] डेटा का संग्रह।

सी] अपनेडेटाबेसकीयोजनाबनाना।

डी] अपने डेटा को डिजिटाइज़ करना।

प्रश्न 54. डीबीएमएस का अर्थ है.................

ए] डेटाबेसप्रबंधनप्रणाली।

बी] डोमेन प्रबंधन प्रणाली।

सी] डोमेन प्रबंधन सर्वर।

डी] डोमेन प्रबंधन शैली।

प्र.58 आप टेक्स्ट फील्ड में अधिकतम विशेषता दर्ज कर सकते हैं।

ए] 375

बी] 125

सी] 235

डी] 255

प्रश्न 1. नेटस्केप नेविगेटर एक प्रकार का ....

ए] उपयोगिता कार्यक्रम।

बी] ऑपरेटिंग सिस्टम।

सी] ब्राउज़र।

डी] वेब संलेखन कार्यक्रम।

प्रश्न 2. जब आप "http://www.mkcl.org" जैसा पता टाइप करते हैं, तो इसमें .org इंगित करता है।

ए] मूलवेबसाइट।

बी] वाणिज्यिक वेब साइट।

सी] संगठनात्मक वेब साइट।

डी] शैक्षिक वेब साइट।

प्रश्न 3. आप .... और .... का उपयोग करके किसी विशिष्ट विषय के लिए वर्ल्ड वाइड वेब पर खोज कर सकते हैं।

ए] गोफर, फिडो।

बी] स्कैनर, सर्च इंजन।

सी] सर्चइंजन, इंडेक्स।

डी ब्राउज़र्स, लार्कर्स।

प्रश्न 4. एक। इंटरनेट पर सूचना और संदेश कैसे भेजे जाते हैं, इसके लिए .... नियमों का एक समूह है।

ए] प्रोटोकॉल।

बी] आईएसपी।

सी] एप्लेट।

डी] एचटीएमएल हाइपर टेक्स्ट मार्कअप लैंग्वेज।

प्रश्न 5. विशिष्ट विषय के बारे में इंटरनेट पर चर्चा के रूप में जाना जाता है

एक ख़बर।

बी] समाचारसमूह।

सी] वेरोनिका।

डी] टेलनेट।

प्रश्न 6. निम्न में से कौन सा प्रोटोकॉल का प्रकार नहीं है?

ए] टीसीआई/आईपी

बी] ASCII

सी] इनमें से कोई नहीं।

डी] पीपीपी

प्रश्न 7. निम्न में से कौन सा प्रोटोकॉल का एक प्रकार है?

ए] ASCII

बी] राम

सी] टीसीआई/आईपी

डी] डीबीए

प्रश्न 8. ई-मेल संदेश के तीन भाग हैं:

ए] टीसीपी/आईपी, डोमेन और आईएसपी।

बी] गंतव्य, डिवाइस और प्रेषक।

सी] हैडर, संदेशऔरहस्ताक्षर।

डी] टीसीपी, आईपी और संदेश।

प्र.9. पूरी दुनिया में कई कंप्यूटरों को जोड़ने वाला नेटवर्क है?

ए] इंट्रानेट।

बी] इंटरनेट।

सी] अर्पानेट।

डी] नेटवर्क।

प्र.10. निम्न में से कौन एक ब्राउज़र है।

एक वेबसाइट।

बी] माइक्रोसॉफ्ट।

सी] इंटरनेटएक्सप्लोरर।

डी] www.

प्रश्न 11. DNS शब्द का अर्थ है।

ए] डेटा नामकरण प्रणाली।

बी] डू नेम सिस्टम।

सी] डोमेननामप्रणाली।

डी] डुप्लीकेट नाम प्रणाली।

प्रश्न 12. प्रत्येक उपयोगकर्ता के लिए इंटरनेट ई-मेल पता .... है।

ए] अद्वितीय।

बी] वही।

सी] आम।

डी] इनमें से कोई नहीं।

प्रश्न 13. किसी भी वेबसाइट को नेविगेट करने के लिए, उपयोगकर्ता को दर्ज करना होगा

ए] यूआरएल।

बी] www.

सी] पीपीपी।

डी] इनमें से कोई नहीं।

प्रश्न 14. ई-कॉमर्स का फुल फॉर्म क्या है?

ए] अंग्रेजी वाणिज्य।

बी] इलेक्ट्रॉनिकवाणिज्य।

सी] इलेक्ट्रिक कॉमर्स।

डी] तत्व वाणिज्य।

प्र.15. किसी ऐसे व्यक्ति को ई-मेल भेजने के लिए जिसकी आपको आवश्यकता है ....

ए] निवासी पता।

बी] इंटरनेटकनेक्टिविटी।

सी] फैक्स पता।

डी] इनमें से कोई नहीं।

प्रश्न 16. वेब पेज देखने के लिए .... का उपयोग किया जाता है।

ए] इनबॉक्स।

बी] रीसायकल बिन।

सी] इंटरनेटएक्सप्लोरर।

डी] नेटवर्क पड़ोस।

प्रश्न 17. यूआरएल का फुल फॉर्म

ए] यूनिवर्सल रिसोर्स लोकेटर।

बी] यूनिफ़ॉर्मरिसोर्सलोकेटर।

सी] यूनी रिसोर्स लोकेटर।

डी] इनमें से कोई नहीं।

प्र.19. निम्न में से कौन एक सर्च इंजन है।

ए] गूगल।

बी] अल्टा विस्टा।

सी] याहू।

डी] येसभी।

प्र.20. ई-कॉमर्स से क्या तात्पर्य है?

ए] ऑनलाइनबिक्री, खरीद, खाताप्रबंधनआदि।

बी] विषय वाणिज्य धारा।

सी] वाणिज्यिक समस्या से निपटने के लिए इलेक्ट्रॉनिक उपकरण।

D। उपरोक्त सभी।

प्रश्न 21. . एक्सटेंशन .gov, .edu, .mil, और .net कहलाते हैं।

ए] डीएनएस।

बी] ई-मेल लक्ष्य।

सी] डोमेनकोड।

डी] पते पर मेल करें।

प्रश्न 22. वेब स्पाइडर और क्रॉलर इसके उदाहरण हैं

ए] ब्राउज़र।

बी] खोजइंजन।

सी] एचटीएमएल प्रोग्राम।

डी] लपटें।

प्रश्न 23. एक यूआरएल क्या है?

ए] वर्ल्ड वाइड वेब को क्रूज करने के लिए इस्तेमाल किया जाने वाला एक सॉफ्टवेयर पैकेज..

बी] वर्ल्डवाइडवेबपरएकसंसाधनकापता।

सी] एक आंतरिक विज़ार्ड का वर्णन करने के लिए इस्तेमाल की जाने वाली शर्तें।

डी] एक लाइव चैट प्रोग्राम [असीमित वास्तविक समय भाषा।

प्रश्न 24. संक्षिप्त नाम "www।" के लिए खड़ा है।

ए] वर्ल्डवाइडवेब।

बी] वाइड वाइड वेब।

सी] विश्व चौड़ाई वेब।

डी] वेब के साथ दुनिया।

प्र.25. वेबसाइट जो उपयोगकर्ता को कीवर्ड पर डेटा खोजने की अनुमति देती है वह है:

ए] चैट इंजन।

बी] राउटर।

सी] वेब सर्वर।

डी] खोजइंजन।

प्रश्न 26. निम्नलिखित में से कौन सा वेब सर्च इंजन दुनिया भर में उपयोग किया जाता है?

ए] डोमेन।

बी] गूगल।

सी] टॉगल करें।

डी] इनमें से कोई नहीं।

प्रश्न 27. जब आप किसी विषय को खोजने के लिए a(n) .... का उपयोग करते हैं, तो आपके द्वारा खोजी जाने वाली जानकारी को संरचना जैसे डेटाबेस में व्यवस्थित किया जाता है।

ए] सर्चइंजन।

बी] सूचकांक।

सी] मकड़ी।

डी] एप्लेट।

प्रश्न 28. निम्नलिखित में से कौन सा सिस्टम इलेक्ट्रॉनिक पत्र या संदेश व्यक्तियों या कंप्यूटरों के बीच भेजा जाता है।

ए] ई-मेल।

बी] ऑनलाइन सेवा।

सी] संसाधन साझा करें।

डी] वॉयस मेल मैसेजिंग।

प्रश्न 29. पसंदीदा सूची में वर्तमान वेब जोड़ने के लिए।

ए] "पसंदीदा - पसंदीदामेंजोड़ें" परक्लिककरें।

बी] "जोड़ें - पसंदीदा" पर क्लिक करें।

सी] "फ़ाइल - पसंदीदा" पर क्लिक करें।

डी] ये सभी।

प्रश्न 30. वेब के चारों ओर एक साइट से दूसरी साइट पर जाने को .... के रूप में जाना जाता है।

ए] लिंकिंग।

बी] नेविगेटकरना।

सी] होपिंग।

डी] पेजिंग।

प्रश्न 32. इंटरनेट पर भेजी जाने वाली सूचनाओं को छोटे-छोटे टुकड़ों में बाँटा जाता है जिन्हें कहा जाता है।

ए] पैकेट।

बी] पीपीपी।

सी] ई-मेल फॉर्म।

डी] संदेश।

प्रश्न 33। PPP और SLIP जैसे प्रोटोकॉल के लिए उपयोग किया जाता है।

ए] डेटाट्रांसफर।

बी] डायलअप इंटरनेट कनेक्शन।

सी] डोमेन पंजीकरण।

डी] इनमें से कोई नहीं।

प्रश्न 34. .com .... प्रकार के संगठन की वेबसाइटों को इंगित करता है।

ए] वाणिज्यिक।

बी कॉम्पलेक्स।

सी] कंपनी।

डी] कार्गो।

प्रश्न 35. इंटरनेट पर किसी अन्य व्यक्ति के मेलबॉक्स में संदेश भेजना है

ए] ई-बिजनेस।

बी] ई-पत्र।

सी] ई-मेल।

डी] साइबर माली।

प्रश्न 1. यह एक प्रकार का व्यक्तिगत सूचना प्रबंधक है।

ए] एमएस वर्ड 2007

बी] एमएस एक्सेल 2007

सी] एमएस पावरपॉइंट 2007

डी] एमएसआउटलुक 2007

प्रश्न 5. यदि आप अपने कार्य वातावरण को वैयक्तिकृत करना चाहते हैं तो एक ऐसे उपकरण का उपयोग करना चाहते हैं जो आपके संपर्कों को व्यवस्थित करता है। अनुसूचियां आदि आप प्रयोग करेंगे।

ए] माइक्रोसॉफ्ट ऑफिस एक्सेल 2007

बी] माइक्रोसॉफ्ट ऑफिस पावरपॉइंट 2007

सी] माइक्रोसॉफ्टऑफिसआउटलुक 2007

डी] माइक्रोसॉफ्ट ऑफिस वर्ड 2007

प्रश्न 6. एमएस आउटलुक 2007 में एंट्री, जो 24 घंटे से अधिक समय तक खराब रहती है, कहलाती है

ए] घटना

बी] प्रदर्शनी

सी] मेल

डी] कैलेंडर

प्र.9. ए .... एमएस आउटलुक 2007 में उपयोग किया जाने वाला एक वर्णनात्मक कीबोर्ड या वाक्यांश है जिसमें आप संबंधित आइटम असाइन कर सकते हैं।

ए] श्रेणी

बी] मेल

सी] नोट्स

डी] प्वाइंट

प्रश्न 12. ...... अलग बाहरी फाइलें हैं जो आपके साथ ई-मेल संदेश के साथ हैं।

ए] अनुलग्नक

बी] विकल्प

सी] ई-मेल

डी] पार्सल

प्र.19. आपको अपने संपर्कों को एक फ़ाइल में सहेजने की आवश्यकता हो सकती है, ताकि भविष्य में उपयोग के लिए उपलब्ध हों। यह कहा जाता है.................

ए] "बचत"

बी] "आयात"

सी] "निर्यात"

डी] "निकालना"

प्रश्न 28. जब आप अपने मित्र या किसी अन्य व्यक्ति को प्राप्त हुई जानकारी को संप्रेषित करने के लिए गए तो आप उस मेल को .... दे सकते हैं जो आपको प्राप्त हुआ है।

एक हिस्सा"

बी] "दे"

सी] "भेजें"

डी] "फॉरवर्ड"

प्रश्न 30. .... एक इलेक्ट्रॉनिक पुस्तक है, जिसमें उन सभी लोगों की विस्तृत जानकारी शामिल है जिनके साथ आप संवाद करते हैं।

ए] पतापुस्तिका

बी] कैलेंडर

सी] टास्क

डी] नोटबुक

प्रश्न 1. जब एक वेब साइट विकसित की जाती है; विभिन्न परस्पर जुड़ी फाइलों को एक साथ समूहीकृत किया जाता है। यह किस सुविधा का उपयोग करके हासिल किया जाता है।

ए] हाइपरटेक्स्ट।

बी] हाइपरलिंक।

सी] नेटवर्क।

डी] इनमें से कोई नहीं।

प्रश्न 2. इंटरनेट में संक्षिप्त नाम "www" का क्या अर्थ है:

ए] वर्ल्डवाइडवेब।

बी] वाइड वाइड वेब।

सी] विश्व चौड़ाई वेब।

डी] वेब के साथ दुनिया।

प्रश्न 3. .... सबसे तेजी से बढ़ते इंटरनेट अनुप्रयोगों में से एक है।

ए] ई-मेल।

बी] खरीदारी।

सी] निवेश।

डी] वाणिज्य।

प्रश्न 4. वर्ल्ड वाइड वेब के लिए एनिमेशन और गेम लिखने के लिए उपयोग की जाने वाली नई कंप्यूटर भाषा .... है।

ए] जावा।

बी] सी.

सी] सी ++।

डी] एचटीएमएल।

प्रश्न 5. .... मेलिंग सूचियाँ समाचार समूह और चैट समूह शामिल करें।

ए] चर्चासमूह।

बी] इंटरनेट समूह।

सी] आईपी समूह।

डी] ये सभी।

प्रश्न 6. निम्न में से कौन एक सर्च इंजन है।

ए] गूगल।

बी] अल्टा विस्टा।

सी] याहू।

डी] येसभी।

प्रश्न 8. आईआरसी में, आर का अर्थ है:

ए] रियल।

बी] रिले।

सी] रिकॉर्ड।

डी] यादृच्छिक।

प्र.9. एप्लेट्स .... भाषा में लिखे गए विशेष प्रोग्राम हैं।

ए] जावा।

बी] एचटीएमएल।

सी] एचटीटीपी।

डी] इनमें से कोई नहीं।

प्र.10. ई-मेल में निम्नलिखित सभी मूल तत्व शामिल हैं सिवाय।

ए] हैडर।

बी] फुटर।

सी] संदेश।

डी] हस्ताक्षर।

प्रश्न 11. त्वरित संदेश आपको अनुमति देता है

ए] ई-मेलसंदेशभेजें।

बी] डेटा साझा करना।

सी] आपके संदेशों का त्वरित उत्तर।

डी] वास्तविक समय में होने वाली बातचीत में एक साथ कई लोगों के साथ संवाद करने के लिए।

प्रश्न 12.] जब आप a] n का उपयोग करते हैं। किसी विषय को खोजने के लिए .... आपके द्वारा खोजी गई जानकारी को डेटाबेस जैसी संरचना में व्यवस्थित किया जाता है।

ए] खोजइंजन।

बी] सूचकांक।

सी] मकड़ी।

डी] एप्लेट।

प्रश्न 13. एक्सटेंशन .gov, .edu, .mil, और .net कहलाते हैं।

ए] डीएनएस।

बी] ई-मेल लक्ष्य।

सी] डोमेनकोड।

डी] पते पर मेल करें।

प्रश्न 14.] वेब स्पाइडर को सर्च इंजन के रूप में भी जाना जाता है।

सत्य।

बी] झूठा।

Q.15.B2c, C2C और B2B .... के प्रकार हैं

ए] ई-मेल।

बी] ई-कॉमर्स।

सी] ई-नकद।

डी] ये सभी।

प्रश्न 16. किसी भी वेबसाइट को नेविगेट करने के लिए यूजर को एंटर करना होता है।

ए] यूआरएल।

बी] www.

सी] पीपीपी।

डी] इनमें से कोई नहीं।

प्रश्न 17. वेब स्पाइडर और क्रॉलर इसके उदाहरण हैं

ए] ब्राउज़र।

बी] खोजइंजन।

सी] एचटीएमएल प्रोग्राम।

डी] लपटें।

प्रश्न 18. .com .... प्रकार के संगठन की वेबसाइट को दर्शाता है।

ए] वाणिज्य।

बी कॉम्पलेक्स।

सी] कंपनी।

डी] कार्गो।

Q.19.ISP का मतलब है।
ए] आंतरिक सेवा योजना।
बी] इंटरनेट सेवा योजना।
सी] इंटीग्रल सर्विस प्लान।
डी] इंटरनेटसेवाप्रदाता।
Q.20............ ऐसे प्रोग्राम हैं जो वेब संसाधनों तक पहुंच प्रदान करते हैं।
ए] ब्राउज़र।
बी] खोज इंजन।
सी] कार्यक्रम।
डी] ये सभी।
प्रश्न 21. वर्ल्ड वाइड इस्तेमाल किया जाने वाला वेब सर्च इंजन कौन सा है?
ए] डोमेन।
बी] गूगल।
सी] टॉगल करें।
डी] ये सभी।
प्रश्न 22. विशिष्ट के बारे में इंटरनेट पर चर्चा को के रूप में जाना जाता है
एक ख़बर।
बी] समाचारसमूह।
सी] वेरोनिका।
डी] टेलनेट।
प्रश्न 23. URL से पूर्ण
ए] यूनिवर्सल रिसोर्स लोकेटर।
बी] यूनिफ़ॉर्मरिसोर्सलोकेटर।
सी] यूनी रिसोर्स लोकेटर।
डी] इनमें से कोई नहीं।
प्रश्न 24. .... जावा में लिखे गए विशेष प्रोग्राम हैं।
ए] जावा प्रोग्राम।
बी] एप्लेट्स।
सी] परियोजनाएं।
डी] इनमें से कोई नहीं।
प्र.25. एफ़टीपी का मतलब है।
ए] फील्ड ट्रांसफर प्रोजेक्ट।
बी] फ़ाइल स्थानांतरण परियोजना।
सी] फाइलट्रांसफरप्रोटोकॉल।

डी] इनमें से कोई नहीं।

प्रश्न 28. जब आप इसमें "http://www.mkcl.org" जैसा एड्रेस टाइप करते हैं। संगठन इंगित करता है कि यह एक है

ए] मूल वेब साइट।

बी] वाणिज्यिक वेब साइट।

सी] संगठनात्मकवेबसाइट।

डी] शैक्षिक वेब साइट।

प्रश्न 29. आप .... और .... का उपयोग करके किसी विशिष्ट विषय के लिए वर्ल्ड वाइड वेब पर खोज कर सकते हैं।

ए] गोफर, फिडोस।

बी] स्कैनर्स, सर्च इंजन।

सी] सर्चइंजन, इंडेक्स।

डी] ब्राउज़र, ल्यूकर्स।

प्रश्न 31. एक लोकप्रिय चैट सेवा कहलाती है -

ए] इंटरनेट रिलीज चैट।

बी] इंटरनेट अनुरोध चैट।

सी] इंटरनेट संसाधन चैट।

डी] इंटरनेटरिलेचैट।

प्रश्न 33। जब आप a] n का उपयोग करते हैं। .... किसी विषय को खोजने के लिए, आपके द्वारा खोजी जाने वाली जानकारी को डेटाबेस जैसी संरचना में व्यवस्थित किया जाता है।

ए] सर्चइंजन।

बी] सूचकांक।

सी] मकड़ी।

डी] एप्लेट।

प्रश्न 34. डॉट के बाद डोमेन नेम के आखिरी हिस्से को .... कहा जाता है।

ए] डोमेनकोड।

बी] ई-मेल लक्ष्य।

सी] डीएनएस।

डी] पते पर मेल करें।

प्रश्न 35. वेब पेज डिजाइन करते समय निम्नलिखित स्क्रिप्ट भाषा का उपयोग किया जाता है।

ए] हाइपरटेक्स्टमार्क-अपलैंग्वेज।

बी] हाइपर लिंक मार्क-अप लैंग्वेज।

सी] हाइपर टेक्स्ट वेब लैंग्वेज।

डी] इनमें से कोई नहीं।

प्रश्न 36. ई-मेल क्या है?

ए] इंजीनियरिंग मेलिंग।

बी] इंटरनेट मेलिंग।

सी] इलेक्ट्रॉनिकमेलिंग।

D। उपरोक्त सभी।

प्रश्न 37. आईएम का मतलब .... है।

ए] तत्काल बनाना।

बी] आंतरिक संदेश।

सी] त्वरितसंदेश।

डी] इनमें से कोई नहीं।

प्रश्न 39. निर्देशिका खोज को के रूप में भी जाना जाता है

ए] प्रत्यक्ष खोज।

बी] अद्वितीय खोज।

सी] सूचकांकखोज।

डी] ये सभी।

प्र.40. यूआरएल क्या है

ए] वर्ल्ड वाइड वेब को क्रूज करने के लिए इस्तेमाल किया जाने वाला एक सॉफ्टवेयर पैकेज।

बी] वर्ल्डवाइडवेबपरसंसाधनकापता।

सी] एक इंटरनेट विज़ार्ड का वर्णन करने के लिए इस्तेमाल किया जाने वाला शब्द।

डी] असीमित वास्तविक समय भाषा।

प्रश्न 41. नेटस्केप नेविगेटर एक प्रकार का ....

ए] उपयोगिता कार्यक्रम।

बी] ऑपरेटिंग सिस्टम।

सी] ब्राउज़र।

डी] वेब संलेखन कार्यक्रम।

Q.1............ प्रोग्राम जो आपके कंप्यूटर सिस्टम को वायरस या अन्य हानिकारक प्रोग्रामों से बचाते हैं।

एक बैकअप।

बी] एंटीवायरस।

सी] अनइंस्टॉल करें।

डी] इनमें से कोई नहीं।

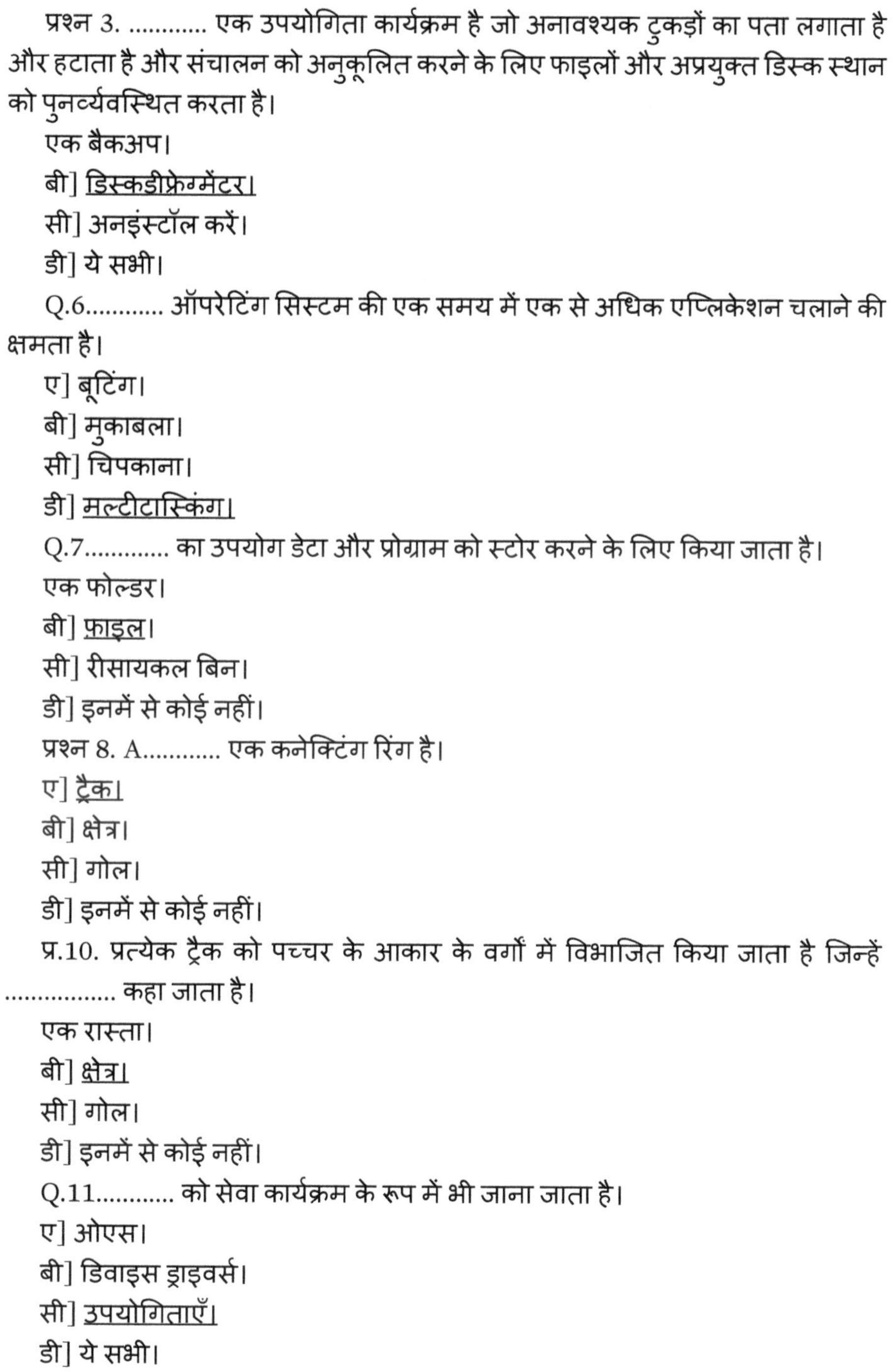

प्रश्न 3. .... एक उपयोगिता कार्यक्रम है जो अनावश्यक टुकड़ों का पता लगाता है और हटाता है और संचालन को अनुकूलित करने के लिए फाइलों और अप्रयुक्त डिस्क स्थान को पुनर्व्यवस्थित करता है।

एक बैकअप।

बी] डिस्कडीफ्रेग्मेंटर।

सी] अनइंस्टॉल करें।

डी] ये सभी।

Q.6............ ऑपरेटिंग सिस्टम की एक समय में एक से अधिक एप्लिकेशन चलाने की क्षमता है।

ए] बूटिंग।

बी] मुकाबला।

सी] चिपकाना।

डी] मल्टीटास्किंग।

Q.7............. का उपयोग डेटा और प्रोग्राम को स्टोर करने के लिए किया जाता है।

एक फोल्डर।

बी] फ़ाइल।

सी] रीसायकल बिन।

डी] इनमें से कोई नहीं।

प्रश्न 8. A............ एक कनेक्टिंग रिंग है।

ए] ट्रैक।

बी] क्षेत्र।

सी] गोल।

डी] इनमें से कोई नहीं।

प्र.10. प्रत्येक ट्रैक को पच्चर के आकार के वर्गों में विभाजित किया जाता है जिन्हें .... कहा जाता है।

एक रास्ता।

बी] क्षेत्र।

सी] गोल।

डी] इनमें से कोई नहीं।

Q.11............ को सेवा कार्यक्रम के रूप में भी जाना जाता है।

ए] ओएस।

बी] डिवाइस ड्राइवर्स।

सी] उपयोगिताएँ।

डी] ये सभी।

प्रश्न 12. सॉफ़्टवेयर का प्रकार जिसे "अंतिम उपयोगकर्ता" सॉफ़्टवेयर के रूप में वर्णित किया जा सकता है।

ए] डॉस।

बी] सिस्टम सॉफ्टवेयर।

सी] एप्लीकेशनसॉफ्टवेयर।

डी] ऑपरेटिंग सॉफ्टवेयर।

Q.13.GUI का अर्थ है

ए] ग्राफिकलयूजरइंटरफेस।

बी] ग्रेटर यूजर इंटरफेस।

सी] ग्राफिकल यूनियन इंटरफेस।

डी] ग्राफिकल यूजर इंटरफेस।

प्रश्न 14. इनमें से किस ऑपरेटिंग सिस्टम में ग्राफिकल यूजर इंटरफेस नहीं है?

ए] विंडोज 95।

बी] मैक ओएस।

सी] लिनक्स।

डी] एमएसडॉस।

प्र.15. भाषा अनुवादक प्रोग्रामर द्वारा लिखे गए प्रोग्रामिंग निर्देशों को एक ऐसी भाषा में परिवर्तित करते हैं जिसे कंप्यूटर समझता है और संसाधित करता है।

ए] सच।

बी] झूठा।

Q.16............ कई अलग-अलग समस्या निवारण उपयोगिताओं का एक संग्रह है।

एक बैकअप।

बी] नॉर्टनयूटिलिटीज।

सी] अनइंस्टॉल करें।

D। उपरोक्त सभी।

प्रश्न 17. .... यूजर इंटरफेस प्रदान करता है, कंप्यूटर संसाधनों को नियंत्रित करता है, और प्रोग्राम चलाता है।

ए] ड्राइवर।

बी] ऑपरेटिंगसिस्टम।

सी] डेस्कटॉप।

डी] इनमें से कोई नहीं।

Q.18............. उपयोगिता हार्ड डिस्क पर गैर-आवश्यक फाइलों की पहचान करती है और उन्हें तभी मिटाती है जब उपयोगकर्ता उनके मिटाने की अनुमति देता है।

ए] प्रोग्राम को अनइंस्टॉल करें।

बी] बैकअप।

सी] फ़ाइल संपीड़न।

डी] डिस्कक्लीनअप।

प्र.19. निम्नलिखित में से कौन-सा ऑपरेटिंग सिस्टम का कार्य है।

ए] प्रबंधन संसाधन।

बी] चल रहे अनुप्रयोग।

सी] यूजर इंटरफेस प्रदान करना।

डी] उपरोक्तसभी।

प्र.20. .... ग्राफिकल ऑब्जेक्ट हैं जिनका उपयोग आमतौर पर उपयोग किए जाने वाले अनुप्रयोगों का प्रतिनिधित्व करने के लिए किया जाता है।

ए] जीयूआई।

बी] ड्राइवर।

सी] विंडोज एनटी।

डी] प्रतीक।

प्रश्न 21. कंप्यूटर को स्टार्ट या रीस्टार्ट करना .... सिस्टम कहलाता है।

ए] बूटिंग।

बी] मुकाबला।

सी] चिपकाना।

डी] मल्टीटास्किंग।

प्रश्न 22. .... विशेष प्रोग्राम हैं जो विशेष इनपुट या आउटपुट डिवाइस को शेष कंप्यूटर सिस्टम के साथ संचार करने की अनुमति देते हैं।

ए] डिवाइसड्राइवर्स।

बी] उपयोगिताएँ।

सी] ओएस।

डी] इनमें से कोई नहीं।

प्रश्न 24. .... आदेशों की एक सूची प्रदर्शित करता है जिसका उपयोग सूचना तक पहुंच प्राप्त करने, हार्डवेयर सेटिंग्स बदलने, में संग्रहीत जानकारी खोजने, ऑनलाइन सहायता प्राप्त करने और कंप्यूटर को बंद करने के लिए किया जा सकता है।

ए] जीयूआई।

बी] डेस्कटॉप।

सी] चिह्न।

डी] स्टार्टबटन।

प्र.25. निम्नलिखित में से कौन सा नेटवर्क ऑपरेटिंग सिस्टम का उदाहरण है?

ए] नेटवेयर।

बी] विंडोज एनटी सर्वर।

सी] विंडोज एक्सपी सर्वर।

डी] उपरोक्तसभी।

प्रश्न 27. कौन से प्रोग्राम फाइलों के आकार को कम कर देते हैं जिससे वे डिस्क पर कम जगह घेरते हैं।

एक बैकअप।

बी] डिस्कक्लीनअप।

सी] फ़ाइल संपीड़न।

डी] प्रोग्राम को अनइंस्टॉल करें।

प्रश्न 30. .... प्रोग्रामर्स द्वारा लिखे गए प्रोग्रामिंग इंस्ट्रक्शन को एक ऐसी भाषा में कनवर्ट करें जिसे कंप्यूटर समझते हैं और प्रोसेस करते हैं।

ए] उपयोगिताएँ।

बी] डिवाइस ड्राइवर्स।

सी] भाषाअनुवादक।

डी] इनमें से कोई नहीं।

प्रश्न 31. सिस्टम सॉफ्टवेयर में निम्नलिखित को छोड़कर सभी शामिल हैं।

ए] ऑपरेटिंग सिस्टम।

बी] डिवाइस ड्राइवर्स।

सी] उपयोगिताएँ।

डी] डेस्कटॉपप्रकाशन।

प्रश्न 32. .... बैकग्राउंड सॉफ्टवेयर है जो कंप्यूटर को अपने आंतरिक संसाधनों का प्रबंधन करने में मदद करता है।

ए] सिस्टमसॉफ्टवेयर।

बी] सूचना।

सी] ऑब्जेक्ट्स।

डी] इनमें से कोई नहीं।

प्रश्न 1. माइक्रोप्रोसेसर में दो बुनियादी घटक होते हैं।

ए] नियंत्रण इकाई।

बी] अंकगणित तर्क इकाई।

सी] ये सभी।

डी] इनमेंसेकोईनहीं।

प्रश्न 2. निम्न में से कौन एक डाटा प्रोसेसिंग यूनिट है

ए] सीपीयू।

बी] रैम।

सी] हार्ड डिस्क।

डी] फ्लॉपी।

प्रश्न 5. RISC का मतलब है।

ए] कमनिर्देशकंप्यूटरसेटकरें।

बी] निर्देश सेट कंप्यूटर पढ़ें।

सी] निर्देश सॉफ्टवेयर कंप्यूटर को कम करें।

डी] इनमें से कोई नहीं।

प्रश्न 6. सभी सिस्टम कंप्यूटरों को जोड़ता है और इनपुट और आउटपुट डिवाइस को सिस्टम यूनिट के साथ संचार करने की अनुमति देता है।

ए] सिस्टमबोर्ड।

बी] मॉनिटर।

सी] माउस।

डी] इनमें से कोई नहीं।

प्रश्न 7. माइक्रोप्रोसेसर चिप्स के प्रकार हैं

ए] सीआईएससी चिप्स।

बी] आरआईएससी चिप्स।

सी] येसभी।

डी] इनमें से कोई नहीं।

प्र.9. निम्नलिखित में से कौन सी प्राथमिक मेमोरी है?

ए] रैम।

बी] सीडी।

सी] फ्लॉपी।

डी] हार्ड डिस्क।

प्र.10. रैंडम एक्सेस मेमोरी] रैम। .... स्मृति का प्रकार है।

एक स्थायी।

बी] अस्थायी।

सी] फ्लैश।

डी] स्मार्ट।

प्रश्न 14. CISC का मतलब है।

ए] कंप्यूटर निर्देश कंप्यूटर सेट करें।

बी] जटिलनिर्देशसेटकंप्यूटर।

सी] कॉम्प्लेक्स इंडेक्स सेट कंप्यूटर।

डी] इनमें से कोई नहीं।

प्रश्न 16. नोट बुक सिस्टम यूनिट्स को अक्सर .... कहा जाता है।

ए] पीडीए।

बी] लैपटॉप।

सी] डेस्कटॉप।

डी] इनमें से कोई नहीं।

प्रश्न 17. .... को सिस्टम कैबिनेट या चेसिस के रूप में भी जाना जाता है।

ए] सिस्टमयूनिट।

बी] मॉनिटर।

सी] कुंजी बोर्ड।

डी] इनमें से कोई नहीं।

प्रश्न 21. निम्न में से किस घटक का प्रयोग डाटा को स्टोर करने के लिए किया जाता है?

ए] सीपीयू।

बी] मेमोरी।

सी] इनपुट डिवाइस।

डी] आउटपुट डिवाइस।

प्रश्न 23. एक माइक्रोप्रोसेसर सिस्टम में, कंट्रोल प्रोसेसिंग यूनिट] सीपीयू। या प्रोसेसर एक एकल चिप पर समाहित होता है जिसे .... कहा जाता है।

एक छिद्र।

बी] पोर्ट।

सी] माइक्रोप्रोसेसर।

डी] इनमें से कोई नहीं।

प्रश्न 24. .... एक 16-बिट कोड है जिसे चीनी और जापानी जैसी अंतर्राष्ट्रीय भाषा का समर्थन करने के लिए डिज़ाइन किया गया है।

ए] यूनिकोड।

बी] एएसएससीआईआई

सी] ईबीसीडीआईसी

डी] इनमें से कोई नहीं।

प्रश्न 26. निम्न में से कौन कंप्यूटर मेमोरी की इकाई है।

ए] किलोग्राम।

बी] किलोबाइट्स।

ए] मीटर।

बी] सेल्सियस

प्रश्न 29. निम्नलिखित में से कौन स्मृति की उच्चतम इकाई है?

ए] गीगाबाइट।

बी] बाइट्स।

सी] मेगाबाइट्स।

डी] किलोबाइट्स।

प्रश्न 32. निम्न में से कौन सी प्राथमिक मेमोरी है?

ए] रैम।

बी] सीडी।

सी] फ्लॉपी।

डी] हार्ड डिस्क।

प्रश्न 4. की-बोर्ड पर 0-9 लेबल वाली कीज कहलाती हैं।

ए] फ़ंक्शन कुंजियाँ।

बी] टाइपराइटर कुंजी।

सी] संख्यात्मककुंजी।

डी] विशेष प्रयोजन कुंजी।

प्रश्न 6. .... डिवाइस लोगों की समझ में अनुवाद करते हैं जिसे कंप्यूटर संसाधित कर सकता है।

ए] इनपुट।

बी] आउटपुट।

ए] येसभी।

बी] इनमें से कोई नहीं।

प्रश्न 7. F1, F2 इत्यादि लेबल वाली की-बोर्ड कीज कहलाती हैं।

ए] फ़ंक्शनकुंजियाँ।

बी] संख्यात्मक कुंजी।

सी] टाइपराइटर कुंजी।

डी] विशेष प्रयोजन कुंजी।

प्रश्न 8. निम्नलिखित में से कौन सा उपकरण पॉइंटिंग प्रकार के उपकरण से नहीं है?

एक माउस।

बी] टच स्क्रीन।

सी] कुंजीबोर्ड।

डी] जॉयस्टिक।

प्र.9. इनमें से कौन एक इनपुट डिवाइस नहीं है?

ए] मॉनिटर।

बी] माउस।

सी] कुंजी बोर्ड।

डी] जॉयस्टिक।

प्रश्न 14. कैप्स लॉक जैसी की-बोर्ड कुंजियाँ जो किसी सुविधा को चालू या बंद करती हैं, कहलाती हैं।

ए] फ़ंक्शन कुंजियाँ।

बी] संयोजन कुंजी।

सी] कुंजीटॉगलकरें।

डी] विशेष प्रयोजन कुंजी।

प्रश्न 17. डेस्कटॉप पर दिखने वाले माउस पॉइंटर को .... भी कहा जाता है।

ए] एरोपॉइंटर।

बी] कुंजी सूचक।

सी] प्रदर्शन सूचक।

डी] इनमें से कोई नहीं।

प्रश्न 21. विंडोज़ ऑपरेटिंग सिस्टम में स्क्रीन के किसी भी हिस्से को एक्सेस करने का सबसे आसान तरीका है

कुंजीपटल।

बी] चूहा।

सी] माउस।

डी] जॉयस्टिक।

प्र.25. फ़ंक्शन कुंजियों के बजाय जिनका उपयोग शॉर्टकट बनाने के लिए किया जाता है।

ए] कुंजी टॉगल करें।

बी] विशेष कुंजी।

सी] संयोजनकुंजी।

डी] संख्यात्मक कुंजी।

प्रश्न 28. कौन सा प्रिंटर कागज की सतह पर तेज गति से स्याही की छोटी बूंदों को छिड़क कर डेटा या छवि प्रिंट करता है?

ए] इंकजेटप्रिंटर।

बी] लेजर प्रिंटर।

सी] डॉट मैट्रिक्स प्रिंटर।

डी] ड्रम प्रिंटर।

प्रश्न 29. निम्नलिखित में से कौन सी कुंजी टॉगल कुंजी नहीं है?

ए] कैप्स लॉक।

बी] संख्या ताला।

सी] स्क्रॉल लॉक।

डी] नियंत्रण।

प्रश्न 30. जिन कीबोर्ड कुंजियों पर तीर होते हैं, उन्हें कहा जाता है।

ए] फ़ंक्शन कुंजियाँ।

बी] नेविगेशनकुंजी।

सी] टाइपराइटर कुंजी।

डी] विशेष प्रयोजन कुंजी।

प्रश्न 31. A............. एक लाइट सेंसिटिव पेन जैसी डिवाइस है।

ए] लाइटपेन।

बी] जॉय स्टिक।

सी] टच स्क्रीन।

डी] इनमें से कोई नहीं।

प्रश्न 33। निम्न में से किस उपकरण का उपयोग तेज कंप्यूटर गेम खेलने के लिए किया जाता है?

ए] जॉयस्टिक।

बी] सतह स्पर्श करें।

सी] टच स्क्रीन।

डी] ट्रैक बॉल।

प्रश्न 2. इनमें से कौन फाइल कंप्रेसिंग प्रोग्राम नहीं है?

ए] विन जिप।

बी] पीके ज़िप।

सी] आरएआर जीतो।

डी] RAID।

प्रश्न 4. सोनी कॉर्पोरेशन की .... डिस्क की क्षमता 200 एमबी या 720 एमबी है।

ए] सुपर डिस्क।

बी] हायएफडीडिस्क।

सी] ज़िप डिस्क।

डी] इनमें से कोई नहीं।

प्रश्न 6. .... डेटा की जरूरतों का अनुमान लगाकर हार्ड-डिस्क के प्रदर्शन में सुधार करता है।

ए] डिस्ककैचिंग।

बी] डिस्क डीफ्रेग्मेंट।

सी] डिस्क लेखन।

डी] इनमें से कोई नहीं।

प्रश्न 7. 3.5 फ्लॉपी डिस्क की क्षमता ....

ए] 1.44 एमबी।

बी] 1 एमबी।

सी] 1.66 एमबी।

डी] 1.55 एमबी।

प्र.9. एक सीडी-रोम के लिए खड़ा है।

ए] <u>कॉम्पैक्टडिस्करीडओनलीमेमोरी</u>।

बी] कॉम्पैक्ट डिस्क एक बार मेमोरी पढ़ें।

सी] सीडी-आरडब्ल्यू।

डी] इनमें से कोई नहीं।

Q.10............ प्रोग्राम जो आपके कंप्यूटर सिस्टम को वायरस या अन्य हानिकारक प्रोग्रामों से बचाते हैं।

एक बैकअप।

बी] <u>एंटीवायरस।</u>

सी] अनइंस्टॉल करें।

डी] इनमें से कोई नहीं।

प्रश्न 11. वृत्त के उस भाग को क्या कहते हैं जिस पर स्टोरेज मीडिया में डेटा लिखा होता है?

एक रास्ता।

बी] <u>सेक्टर।</u>

सी] सिलेंडर।

डी] सर्पिल।

प्रश्न 12. एक सीडी-आरडब्ल्यू डिस्क का मतलब है।

ए] <u>सीडी-रीराइटेबल।</u>

बी] सीडी-रिकॉर्ड करने योग्य।

सी] सीडी-रोम।

डी] इनमें से कोई नहीं।

प्रश्न 13. .... का उत्पादन ओमेगा द्वारा किया जाता है और शीर्ष पर 100 एमबी, 250 एमबी या 750 एमबी क्षमता है जो आज की मानक फ्लॉपी डिस्क से 500 गुना अधिक है।

ए] सुपर डिस्क।

बी] हायएफडी डिस्क।

सी] <u>ज़िपडिस्क।</u>

डी] इनमें से कोई नहीं।

Q.16............ इमेशन द्वारा निर्मित हैं और इनकी क्षमता 120 एमबी या 240 एमबी है।

ए] सुपरडिस्क।

बी] हायएफडी डिस्क।

सी] ज़िप डिस्क।

डी] इनमें से कोई नहीं।

प्रश्न 17. .... हटाने योग्य भंडारण उपकरण हैं जिनका उपयोग भारी मात्रा में सूचनाओं को संग्रहीत करने के लिए किया जाता है।

ए] हार्डडिस्कपैक।

बी] सीडी।

सी] फ्लॉपी डिस्क।

डी] इनमें से कोई नहीं।

प्र.20. डिस्क लेबल पर 2 HD का अर्थ है।

ए] दो तरफ, कम घनत्व।

बी] दोतरफउच्चघनत्व।

सी] एक तरफ उच्च घनत्व।

डी] इनमें से कोई नहीं।

प्र.21............ डिस्क में 120 एमबी भंडारण क्षमता होती है और ड्राइवर मानक 3.5" फ्लॉपी डिस्क पर डेटा को पढ़ने और संग्रहीत करने में भी सक्षम होते हैं।

ए] सुपरडिस्क।

बी] हायएफडी डिस्क।

सी] ज़िप डिस्क।

डी] इनमें से कोई नहीं।

प्रश्न 23. सीडी-आर का मतलब है।

ए] सीडी-रिकॉर्डकरनेयोग्य।

बी] सीडी-धावक।

सी] सीडी-रिसीवर।

डी] इनमें से कोई नहीं।

प्रश्न 24. प्रत्येक ट्रैक को पच्चर के आकार के खंडों में विभाजित किया जाता है जिन्हें कहा जाता है।

एक रास्ता।

बी] क्षेत्र।

सी] गोल।

डी] इनमें से कोई नहीं।

औद्योगिक प्रशिक्षण संस्थान

मासिक टेस्ट-1, अंक- 20, दिनांक:- ____________________

(प्रत्येक प्रश्न दो अंक का होता है)

7] प्राथमिक उपचार किसी घायल या बीमार व्यक्ति को प्राथमिक रूप से दिया जाता है....

ए] जीवन बचाओ

बी] मफ की और गिरावट को रोकें

सी] सर्वोत्तम संभव आराम दें

डी] ये सभी

84] निम्नलिखित में से कौन सा अग्निशामक एक जीवित विद्युत आग के लिए उपयुक्त है?

ए] हेलोन

बी] पानी

सी] फोम

डी] तरलीकृत रसायन

151] एक सिंगल वाटमीटर का उपयोग 3-चरण प्रणाली में शक्ति को मापने के लिए तभी किया जा सकता है जब भार हो..

ए] संतुलित

बी] असंतुलित

सी] संतुलित और असंतुलित भार

डी] निरंतर

152] एक संकेतक यंत्र में सूचक की गति उत्पन्न करने वाले बल को कहा जाता है...

ए] विक्षेपण बल

बी] नियंत्रण बल

सी] भिगोना बल

डी] विचलित करने वाला बल

153] एक स्थायी चुंबक गतिमान कुंडल यंत्र पढ़ेगा...

ए] केवल एसी मात्रा

बी] केवल डीसी मात्रा

सी] एसी और डीसी मात्रा दोनों

डी] स्पंदन मात्रा

154] गुरुत्वाकर्षण नियंत्रण का उपयोग करने वाला एक उपकरण सही ढंग से पढ़ेगा यदि इसका उपयोग किया जाता है ..

ए] केवल लंबवत स्थिति

बी] केवल क्षैतिज स्थिति

सी] झुकाव स्थिति केवल

डी] कोई भी स्थिति

155] स्थायी चुंबक मूविंग कॉइल इंस्ट्रूमेंट में निम्नलिखित में से किस डंपिंग विधि का उपयोग किया जाता है?

ए] हवा भिगोना

बी] द्रव भिगोना

सी] वसंत भिगोना

डी] एड़ी वर्तमान भिगोना

156] मूविंग कॉइल इंस्ट्रूमेंट किसके प्रभाव पर काम करता है...

ए] रासायनिक प्रभाव

बी] ताप प्रभाव

सी] इलेक्ट्रोस्टैटिक प्रभाव

डी] विद्युत चुम्बकीय प्रभाव

157] विद्युत ऊर्जा मापने के लिए आपके घर में लगाया गया मीटर किसका उदाहरण है...

ए] संकेत प्रकार उपकरण

बी] रिकॉर्डिंग प्रकार उपकरण

सी] संकेत के साथ-साथ रिकॉर्डिंग प्रकार के उपकरण

डी] एकीकृत प्रकार के उपकरण

158]। स्थायी चुंबक के लिए निम्नलिखित में से कौन सी सामग्री पसंद की जाती है?

ए] अलनिको

बी] वाई-मिश्र धातु

सी] सिलिकॉन स्टील

डी] गढ़ा लोहा

औद्योगिक प्रशिक्षण संस्थान
मासिक टेस्ट -2, अंक- 20, तिथि:- _______________
(प्रत्येक प्रश्न दो अंक का होता है)

159] जिस उपकरण को निरपेक्ष साधन के रूप में वर्गीकृत किया जा सकता है, वह है...

ए] मिली एमीटर

बी] माइक्रो एमीटर

सी] गैल्वेनोमीटर

डी] स्पर्शरेखा गैल्वेनोमेर

160] गतिमान लोहे के उपकरण में आमतौर पर भिगोने की निम्नलिखित में से कौन सी विधि का उपयोग किया जाता है?

ए] एयर डंपिंग

बी] द्रव भिगोना

सी] एड़ी वर्तमान भिगोना

डी] चिपचिपापन भिगोना

161] एक गतिमान लोहे के उपकरण का विक्षेपक बलाघूर्ण सीधे आनुपातिक होता है ..

एक लहर

B] धारा का वर्ग

C] धारा का वर्गमूल

डी] वोल्टेज

162]निम्नलिखित में से किसका उपयोग सीधे माध्यम प्रतिरोध को मापने के लिए किया जाता है?

ए] एमीटर

बी] मेगर

सी] ओममीटर

डी] वाल्टमीटर

163] एक ओममीटर का उपयोग मापने के लिए किया जाता है...

ए] इन्सुलेशन प्रतिरोध

बी] प्रतिरोध

सी] वर्तमान

डी] संभावित अंतर

164] निम्नलिखित में से कौन सा घटक ओममीटर का हिस्सा नहीं है?

ए] निश्चित प्रतिरोधी

बी] परिवर्तनीय प्रतिरोधी

सी] संधारित्र

डी] बैटरी

165] शंट ओममीटर में, अधिकतम विक्षेपण दर्शाता है ..

ए] अधिकतम प्रतिरोध

बी] न्यूनतम प्रतिरोध

सी] मेगर में एक गलती

डी] इनमें से कोई नहीं

166]। एक अज्ञात डीसी वोल्टेज को मापा जाना है, आप पहले किस मापने की सीमा का चयन करेंगे?

ए] 500V

बी] 50V

सी] 1.5 वी

डी] 0.5V

167]। माइक्रो एम्पीयर रेटिंग की एक अज्ञात प्रत्यक्ष धारा को मापा जाना है, आप पहले किस माप सीमा का चयन करेंगे?

ए] 20 माइक्रो amp

बी] 15 माइक्रो amp

सी] 150 माइक्रो amp

डी] 500 माइक्रो amp

168] एक मल्टीमीटर माप नहीं सकता...

एक लहर

बी] संभावित अंतर

सी] समाई

डी] प्रतिरोध

औद्योगिक प्रशिक्षण संस्थान

मासिक टेस्ट-3, अंक- 20, दिनांक:- ________________

(प्रत्येक प्रश्न दो अंक का होता है)

169] डायनेमोमीटर प्रकार के मीटर का उपयोग मापने के लिए किया जाता है...

ए] केवल एसी मात्रा

बी] केवल डीसी मात्रा

सी] एसी और डीसी दोनों

डी] केवल एसी को स्पंदित करना

170] वाटमीटर में किस प्रभाव का प्रयोग किया जाता है?

ए] इलेक्ट्रोडायनामिक प्रभाव

बी] थर्मल प्रभाव

सी] रासायनिक प्रभाव

डी] इलेक्ट्रोस्टैटिक प्रभाव

171] नीचे सूचीबद्ध उपकरणों में से कौन एसी और डीसी दोनों में वाटमीटर के रूप में कुशलता से काम करता है?

ए] पीएमएमसी साधन

बी] डायनेमोमीटर उपकरण

सी] गर्म तार उपकरण

डी] एमआई उपकरण

172] इलेक्ट्रोडायनामिक प्रकार के उपकरण आमतौर पर माप के लिए उपयोग किए जाते हैं...

ए] वोल्टेज

बी] वर्तमान

सी] प्रतिरोध

डी] उपरोक्त में से कोई नहीं

173] जब ऊर्जा मीटर के फेज और न्यूट्रल को आपस में बदल दिया जाता है, तो इसकी डिस्क...

ए] विपरीत दिशा में घूमता है

बी] सही दिशा में घूमता है

सी] रुक जाएगा

डी] धीरे-धीरे घूमता है

ई] उच्च गति से घूमता है

174] जब ऊर्जा मीटर की डिस्क बिना किसी लोड को जोड़े भी घूम रही हो, तो त्रुटि कहलाती है

ए] रेंगने वाली त्रुटि

बी] चरण त्रुटि

सी] घर्षण त्रुटि

डी] तापमान त्रुटि

175] एसी सिंगल फेज एनर्जी मीटर की इकाई में ऊर्जा रिकॉर्ड करते हैं...

ए] किलोवाट घंटे

बी] हजारों डिस्क रोटेशन की संख्या

सी] वोल्ट एम्पीयर

डी] किलो वोल्ट एम्पीयर

176] एक मेगर प्रतिरोध को मापता है...

ए] ओहम्सो

बी] सैकड़ों ओम

सी] हजारों ओम

डी] लाखों ओम

177] एक मेगर को विशेष रूप से मापने के लिए डिज़ाइन किया गया है।

ए] बहुत उच्च प्रतिरोध

बी] बहुत कम प्रतिरोध

सी] बिजली लाइनों में जमीनी दोष

डी] डीसी मोटर्स पर अधिक भार

178] पाइप अर्थिंग के लिए स्टील पाइप के जस्ती लोहे के न्यूनतम आंतरिक व्यास की आवश्यकता है...

ए] 12.5 मिमी

बी] 16 मिमी

सी] 3.5 मिमी

डी] 4 एम

औद्योगिक प्रशिक्षण संस्थान

मासिक टेस्ट -4, अंक- 20, दिनांक:- ______________

(प्रत्येक प्रश्न दो अंक का होता है)

179] पृथ्वी कंडक्टर जमीन के लिए एक मार्ग प्रदान करता है ..

ए] लीकेज करंट

बी] वर्तमान से अधिक

सी] उच्च वोल्टेज

डी] सर्किट वर्तमान

180] यदि सर्किट कॉपर कंडक्टर का आकार 10 वर्ग-मिमी है तो जीआई में पृथ्वी कंडक्टर का आकार] तार होना चाहिए...

ए] 1.5 वर्ग मिमी

बी] 2.5 वर्ग मिमी

सी] 5 वर्ग मिमी

डी] 10 वर्ग मिमी

181] एक कैलोरी बराबर होती है,,,

ए] 4187 जूल

बी] 418.7 जूल

सी] 41.87 जूल

डी] 4.187 जूल

2. एक ट्रांजिस्टर में रिक्तीकरण परतों की संख्या ....

ए] चार

बी] तीन

सी] एक

डी] दो

3. ट्रांजिस्टर का आधार .... डोपेड होता है

ए] भारी

बी] मध्यम

सी] हल्के से

डी] उपरोक्त में से कोई नहीं

4. ट्रांजिस्टर में सबसे बड़ा आकार वाला तत्व ....

ए] कलेक्टर

बी] आधार
सी] उत्सर्जक
डी] कलेक्टर-बेस-जंक्शन

5. एक pnp ट्रांजिस्टर में, करंट कैरियर्स .... होते हैं।
ए] स्वीकर्ता आयन
बी] दाता आयन
सी] मुक्त इलेक्ट्रॉन
डी] छेद

6. ट्रांजिस्टर का संग्राहक .... डाल दिया गया
ए] भारी
बी] मध्यम
सी] हल्के से
डी] उपरोक्त में से कोई नहीं

7. ट्रांजिस्टर एक .... संचालित उपकरण है
एक लहर
बी] वोल्टेज
सी] वोल्टेज और करंट दोनों
डी] उपरोक्त में से कोई नहीं

8. एनपीएन ट्रांजिस्टर में .... अल्पसंख्यक वाहक हैं
ए] मुक्त इलेक्ट्रॉन
बी] छेद
सी] दाता आयन
डी] स्वीकर्ता आयन

औद्योगिक प्रशिक्षण संस्थान

मासिक टेस्ट -5, अंक- 20, तिथि:- ________________

(प्रत्येक प्रश्न दो अंक का होता है)

9. एक ट्रांजिस्टर का उत्सर्जक .... डोपेड होता है
ए] हल्के से
बी] भारी
सी] मध्यम
डी] उपरोक्त में से कोई नहीं

10. एक ट्रांजिस्टर में, बेस करंट उत्सर्जक धारा का लगभग .... होता है
ए] 25%
बी] 20%

सी] 35%

डी] 5%

11. एक ट्रांजिस्टर के बेस-एमिटर जंक्शनों पर, कोई .... पाता है

ए] एक रिवर्स पूर्वाग्रह

बी] एक विस्तृत कमी परत

सी] कम प्रतिरोध

डी] उपरोक्त में से कोई नहीं

12. एक ट्रांजिस्टर का इनपुट प्रतिबाधा ....

ऊंचा

फूँक मारना

सी] बहुत ऊंचा

डी] लगभग शून्य

13. अधिकांश बहुसंख्यक वाहक उत्सर्जक से ....

ए] आधार में पुनर्संयोजन

बी] उत्सर्जक में पुनर्संयोजन

सी] आधार क्षेत्र से कलेक्टर के पास जाएं

डी] उपरोक्त में से कोई नहीं

14. वर्तमान आईबी .... है

ए] इलेक्ट्रॉन वर्तमान

बी] होल करंट

सी] दाता आयन वर्तमान

डी] स्वीकर्ता आयन करंट

15. एक ट्रांजिस्टर में ....

ए] आईसी = आईई + आईबी

बी] आईबी = आईसी + आईई

सी] आईई = आईसी - आईबी

डी] आईई = आईसी + आईबी

16. एक ट्रांजिस्टर का मान .... है।

ए] 1 . से अधिक

बी] 1 . से कम

सी] 1

डी] उपरोक्त में से कोई नहीं

17. आईसी = एआईई + ...।

ए] आईबी

बी] आईसीईओ
सी] आईसीबीओ
डी] आईबी
18. एक ट्रांजिस्टर का आउटपुट प्रतिबाधा .... है।
ऊंचा
बी] शून्य
सी] कम
डी] बहुत कम

औद्योगिक प्रशिक्षण संस्थान

मासिक टेस्ट -6, अंक- 20, तिथिः- _______________

(प्रत्येक प्रश्न दो अंक का होता है)

19. एक टैन्सिस्टर में, IC = 100 mA और IE = 100.2 mA। का मान ....
ए] 100
बी] 50
सी] लगभग 1
डी] 200
20. एक ट्रांजिस्टर में यदि = 100 और संग्राहक धारा 10 mA है, तो IE ....
ए] 100 एमए
बी] 100.1 एमए
सी] 110 एमए
डी] उपरोक्त में से कोई नहीं
21. और a के बीच संबंध ....
ए] = 1 / (1 - ए)
बी] = (1 - ए) / ए
सी] = ए / (1 - ए)
डी] = ए / (1 + ए)
22. एक ट्रांजिस्टर के लिए का मान सामान्यतः .... होता है।
ए] 1 से कम 1
बी] 20 और 500 . के बीच
सी] 500 . से ऊपर
8. श्रृंखला अनुनाद पर, सर्किट .... प्रतिबाधा प्रदान करता है
ए] शून्य
बी] अधिकतम
सी] न्यूनतम

डी] उपरोक्त में से कोई नहीं

9. एक गुंजयमान सर्किट में .... तत्व होते हैं

ए] आर और एल केवल

बी] आर और सी केवल

सी] केवल आर

डी] एल और सी

10. श्रृंखला या समानांतर अनुनाद पर, सर्किट .... लोड के रूप में व्यवहार करता है

ए] कैपेसिटिव

बी] प्रतिरोधी

सी] आगमनात्मक

डी] उपरोक्त में से कोई नहीं

11. श्रेणी अनुनाद पर, L के सिरों पर वोल्टेज .... है। सी भर में वोल्टेज

ए] के बराबर लेकिन चरण में विपरीत

बी] के बराबर लेकिन चरण में

सी] से बड़ा लेकिन चरण के साथ

डी] से कम लेकिन चरण के साथ

12. जब या तो L या C को बढ़ाया जाता है, LC परिपथ की गुंजयमान आवृत्ति ....

ए] वही रहता है

बी] बढ़ता है

सी] घटता है

डी] अपर्याप्त डेटा

13. समानांतर अनुनाद पर, नेट रिएक्टिव कंपोनेंट सर्किट करंट ....

ए] कैपेसिटिव

बी] शून्य

सी] आगमनात्मक

डी] उपरोक्त में से कोई नहीं

औद्योगिक प्रशिक्षण संस्थान

मासिक टेस्ट-7, अंक- 20, दिनांक:- ____________________

(प्रत्येक प्रश्न दो अंक का होता है)

14. समानांतर अनुनाद में, परिपथ प्रतिबाधा .... है।

ए] सी/एलआर

बी] आर / एलसी

सी] सीआर / एल

डी] एल/सीआर

15. एक समानांतर एलसी सर्किट में, यदि इनपुट सिग्नल की आवृत्ति गुंजयमान आवृत्ति से ऊपर बढ़ जाती है तो ....

ए] एक्सएल बढ़ता है और एक्ससी घटता है

B] XL घटता है और XC बढ़ता है

सी] एक्सएल और एक्ससी दोनों बढ़ते हैं

D] XL और XC दोनों घटते हैं

16. एक LC परिपथ का Q .... द्वारा दिया जाता है।

ए] 2pfr x आर

बी] आर / 2pfrL

सी] 2pfrL / आर

डी] R2/2pfrL

17. यदि किसी LC परिपथ का Q बढ़ता है, तो बैंडविड्थ ....

ए] बढ़ता है

बी] घटता है

सी] वही रहता है

डी] अपर्याप्त डेटा

प्रश्न 14. निम्नलिखित में से किसे पोर्टेबल कंप्यूटर नहीं माना जाएगा।

ए] डेस्कटॉप कंप्यूटर।

बी] नोट बुक कंप्यूटर।

सी] व्यक्तिगत डिजिटल सहायक।

डी] इनमें से कोई नहीं।

Q.19............. एक पॉइंटिंग डिवाइस है।

एक माउस।

बी] प्रिंटर।

सी] स्कैनर।

डी] कीबोर्ड।

प्र.20. F1, F2 वगैरह लेबल वाली की-बोर्ड कीज को ....

ए] फ़ंक्शन कुंजियाँ।

बी] संख्यात्मक कुंजी।

सी] टाइपराइटर कुंजी।

डी] विशेष प्रयोजन कुंजी।

प्रश्न 21. कैप्स लॉक जैसी कुंजीपटल कुंजियाँ जो सुविधाओं को चालू या बंद करती हैं, कहलाती हैं।

ए] फ़ंक्शन कुंजियाँ।

बी] संयोजन कुंजी।

सी] कुंजी टॉगल करें।

डी] विशेष प्रयोजन कुंजी।

प्रश्न 22. वर्ड प्रोसेसिंग, इलेक्ट्रॉनिक स्प्रेड शीट, डेटाबेस मैनेजर और ग्राफिक्स प्रोग्राम सभी को शीर्षक के तहत समूहीकृत किया जाता है।

ए] ब्राउजिंग प्रोग्राम।

बी] ऑपरेटिंग सिस्टम।

सी] एप्लीकेशन सॉफ्टवेयर।

डी] डेटा और सूचना।

प्रश्न 23. कीबोर्ड, माउस, मॉनिटर और सिस्टम यूनिट को सामूहिक रूप से के रूप में भी जाना जाता है

ए] ठोस बर्तन।

बी] सॉफ्टवेयर।

सी] हार्डवेयर।

डी] फर्म वेयर।

औद्योगिक प्रशिक्षण संस्थान

मासिक टेस्ट -8, अंक- 20, तिथि:- ______________

(प्रत्येक प्रश्न दो अंक का होता है)

प्रश्न 29. की-बोर्ड पर 0-9 लेबल वाली कीज कहलाती हैं।

ए] फ़ंक्शन कुंजियाँ।

बी] संख्यात्मक कुंजी।

सी] टाइपराइटर कुंजी।

डी] विशेष प्रयोजन कुंजी।

प्रश्न 31. .... में चरण-दर-चरण परिचय होता है जो कंप्यूटर को कार्य को पूरा करने का तरीका बताता है।

ए] कार्यक्रम।

बी] हार्डवेयर।

सी] डेटा।

डी] ऑब्जेक्ट्स।

Q.33....... एक बैकग्राउंड सॉफ्टवेयर है जो कंप्यूटर को उसके आंतरिक संसाधनों का प्रबंधन करने में मदद करता है।

ए] सिस्टम सॉफ्टवेयर।

बी] सूचना।

सी] ऑब्जेक्ट्स।

डी] इनमें से कोई नहीं।

प्रश्न 35. फ़ाइल संपीड़न प्रोग्राम निम्नलिखित हैं, EXCEPT

ए] जिप जीतो।

बी] छापे।

सी] आरएआर जीतो।

डी] पीके ज़िप।

प्रश्न 38. जिन कीबोर्ड कुंजियों पर तीर होते हैं, उन्हें कहा जाता है।

ए] फ़ंक्शन कुंजियाँ।

बी] संयोजन कुंजी।

सी] नेविगेशन कुंजी

डी] विशेष प्रयोजन कुंजी।

Q.42............ ग्राफिकल ऑब्जेक्ट हैं जिनका उपयोग आमतौर पर उपयोग किए जाने वाले एप्लिकेशन को दर्शाने और खोलने के लिए किया जाता है।

ए] जीयूआई।

बी] प्राइमर'।

सी] विंडोज एनटी।

डी] प्रतीक।

प्रश्न 44. RAM में संग्रहीत डेटा है

ए] गैर-वाष्पशील है।

बी] बिजली चालू होने पर ही वहां है।

सी] बिजली बंद होने के कुछ मिनट बाद ही रहता है।

डी] स्थायी है और केवल बिजली की विफलता में खो गया है।

प्रश्न 46. मॉनिटर का प्राथमिक कार्य उपयोगकर्ता को सूचना प्रदर्शित करना है।

सत्य।

बी] झूठा।

प्रश्न 47. रैंडम एक्सेस मेमोरी] रैम। है .... स्मृति का प्रकार है।

एक स्थायी।

बी] अस्थायी।

सी] फ्लैश।

डी] स्मार्ट।

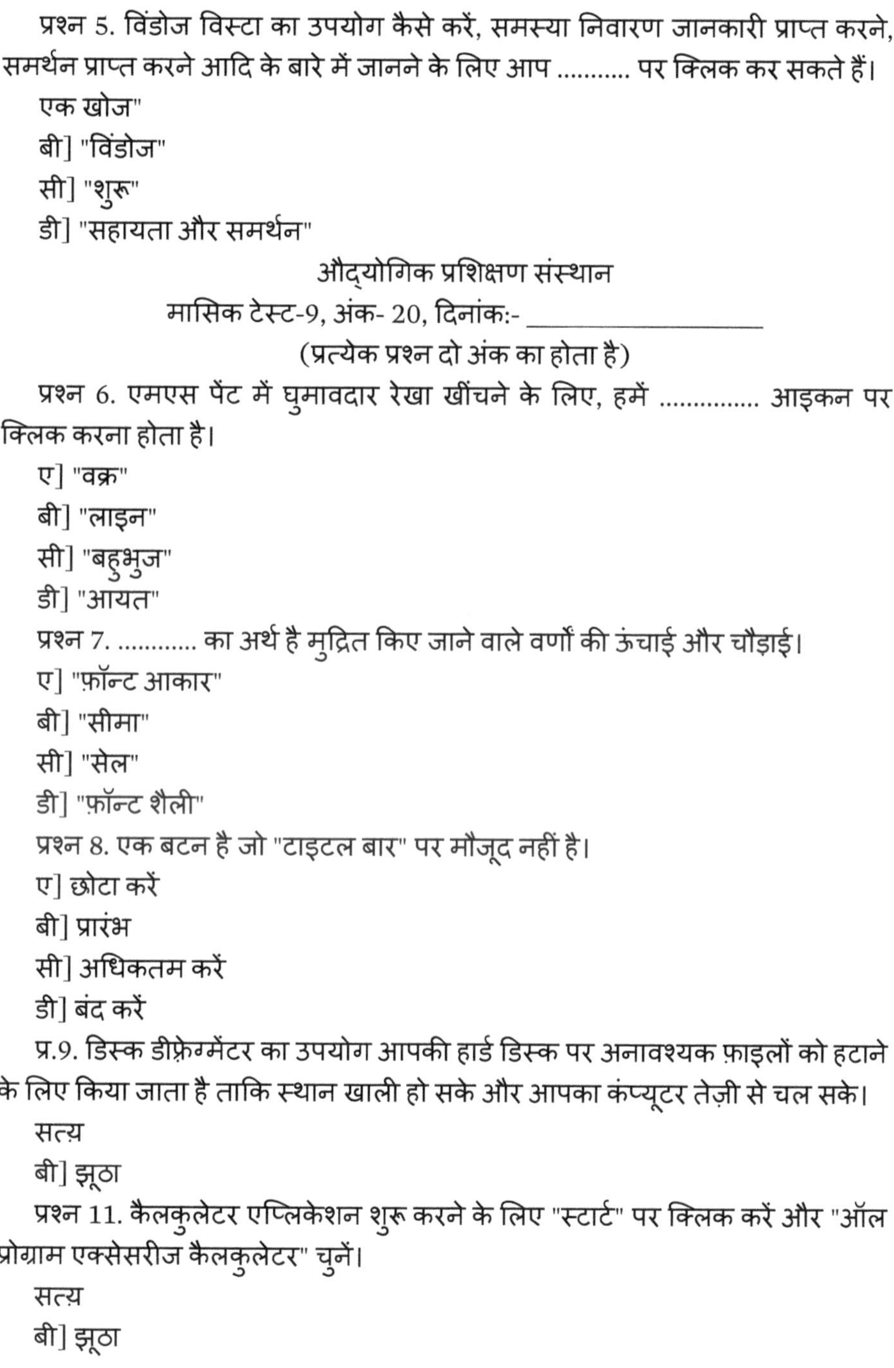

प्रश्न 5. विंडोज विस्टा का उपयोग कैसे करें, समस्या निवारण जानकारी प्राप्त करने, समर्थन प्राप्त करने आदि के बारे में जानने के लिए आप .... पर क्लिक कर सकते हैं।

एक खोज"

बी] "विंडोज"

सी] "शुरू"

डी] "सहायता और समर्थन"

औद्योगिक प्रशिक्षण संस्थान

मासिक टेस्ट-9, अंक- 20, दिनांक:- ____________________

(प्रत्येक प्रश्न दो अंक का होता है)

प्रश्न 6. एमएस पेंट में घुमावदार रेखा खींचने के लिए, हमें .... आइकन पर क्लिक करना होता है।

ए] "वक्र"

बी] "लाइन"

सी] "बहुभुज"

डी] "आयत"

प्रश्न 7. .... का अर्थ है मुद्रित किए जाने वाले वर्णों की ऊंचाई और चौड़ाई।

ए] "फ़ॉन्ट आकार"

बी] "सीमा"

सी] "सेल"

डी] "फ़ॉन्ट शैली"

प्रश्न 8. एक बटन है जो "टाइटल बार" पर मौजूद नहीं है।

ए] छोटा करें

बी] प्रारंभ

सी] अधिकतम करें

डी] बंद करें

प्र.9. डिस्क डीफ्रेग्मेंटर का उपयोग आपकी हार्ड डिस्क पर अनावश्यक फ़ाइलों को हटाने के लिए किया जाता है ताकि स्थान खाली हो सके और आपका कंप्यूटर तेज़ी से चल सके।

सत्य

बी] झूठा

प्रश्न 11. कैलकुलेटर एप्लिकेशन शुरू करने के लिए "स्टार्ट" पर क्लिक करें और "ऑल प्रोग्राम एक्सेसरीज कैलकुलेटर" चुनें।

सत्य

बी] झूठा

प्रश्न 12. .... का उपयोग बड़े और जटिल टेक्स्ट दस्तावेज़ बनाने और प्रारूपित करने के लिए किया जा सकता है।

कैलकुलेटर"

बी] "वर्डपैड"

सी] "नोटपैड"

डी] "टेक्स्ट पैड"

प्रश्न 14. एक फोल्डर सिस्टम को "..............." भी कहा जाता है।

ए] "दिशा प्रणाली"

बी] "निर्देशिका प्रणाली"

सी] "निर्देशिका सूची"

डी] "फोल्डर बुक"

प्रश्न 17. A............ एक कंटेनर की तरह है जिसमें आप फाइलों को स्टोर कर सकते हैं।

ए] "आइकन"

बी] "दस्तावेज़"

सी] "फ़ोल्डर"

डी] "शीट"

प्रश्न 18. ऑपरेटिंग सिस्टम का काम है .... से

ए] कई उपयोगी कमांड आसानी से निष्पादित करें।

बी] एक परिभाषित एप्लिकेशन प्रोग्राम इंटरफ़ेस के माध्यम से सेवा के लिए अनुरोध करने के लिए।

सी] कंप्यूटर को सबसे मौलिक स्तर पर नियंत्रित करने के लिए।

डी] इनमें से कोई नहीं।

प्र.19. विंडोज़ इंटरफ़ेस .... पर आधारित है।

ए] "ग्राफिकल यूजर इंटरफेस" या जीयूआई

बी] एप्लीकेशन प्रोग्राम इंटरफेस या] एपीआई।

सी] "क्लिपबोर्ड"

डी] इनमें से कोई नहीं

औद्योगिक प्रशिक्षण संस्थान

मासिक टेस्ट-10, अंक- 20, दिनांक:- ____________________

(प्रत्येक प्रश्न दो अंक का होता है)

प्रश्न 51. .... विकल्प के साथ, आप पंक्तियों और स्तंभों में से किसी एक या दोनों को फ्रीज कर सकते हैं। चाहे आप वर्कशीट में कहीं भी हों, आप हर समय इन पंक्तियों और/या कॉलम में जानकारी देख सकते हैं।

एक बँटवारा

बी] व्यवस्था

सी] फिटर

डी] <u>पैनफ्रीजकरें</u>

प्रश्न 54. MS Excel 2007 में एक टेम्प्लेट फ़ाइल का एक्सटेंशन "..............." होता है।

ए] .docx

बी] .yltx

सी] <u>.xltx</u>

डी] .zltx

प्रश्न 55. ए "...........।" एक लेखाकार के बहीखाते की तरह है जिसमें पंक्तियों और स्तंभों का समावेश होता है।

मेज़

बी] <u>माइक्रोसॉफ्टएक्सेल 2007</u>

सी] प्रारूप

डी] शीट

प्रश्न 3. एक "................" ग्राफिक आपकी जानकारी और विचारों का एक दृश्य प्रतिनिधित्व है।

ए] "वर्डआर्ट"

बी] "क्लिपआर्ट"

सी] <u>"स्मार्टआर्ट"</u>

डी] "ऑटोशेप"

प्रश्न 5. "..........." उपयोग के लिए तैयार चित्र को संदर्भित करता है।

ए] "वर्डआर्ट"

बी] <u>"क्लिपआर्ट"</u>

सी] "स्मार्टआर्ट"

डी] "ऑटोशेप"

प्रश्न 8. "..........." टैब में ऐसे टूल होते हैं जो यह नियंत्रित करते हैं कि स्लाइड शो को कैसे प्रस्तुत किया जाए।

डिजाइन"

बी] <u>"स्लाइडशो"</u>

सी] "समीक्षा"

डी] "देखें"

प्र.10. .... जो आइकन प्रदर्शित करता है जो आमतौर पर उपयोग किए जाने वाले कमांड जैसे सेव, पूर्ववत और फिर से प्रदर्शित करता है।

ए] होम बटन

बी] रिबन

सी] क्विकएक्सेसटूलबार

डी] कार्यालय बटन

प्रश्न 11. A "..........." वर्तमान दस्तावेज़ में किसी स्थान, किसी अन्य दस्तावेज़ या वेबसाइट से एक कनेक्शन है।

ए] हाईलिंक

बी] हिपोलिंक

सी] लिंकेज

डी] हाइपरलिंक

प्रश्न 12. कंप्यूटर पर स्लाइड शो बनाने के लिए .... का उपयोग किया जाता है

ए] प्रस्तुतिग्राफिक्स

बी] विश्लेषणात्मक विकास कार्यक्रम

सी] सुपर स्लाइड पैकेज

डी] स्लाइड मेकर टूल्स

प्र.15. ग्राफिक प्रेजेंटेशन में प्रोग्राम प्रत्येक प्रेजेंटेशन को .... में बांटा गया है।

ए] चार्ट

बी] स्लाइड

सी] टेबल

डी] चित्र

औद्योगिक प्रशिक्षण संस्थान

मासिक टेस्ट-11, अंक- 20, दिनांक:- ____________________

(प्रत्येक प्रश्न दो अंक का होता है)

प्र.19. एक "..........." एक पूर्व-डिज़ाइन की गई प्रस्तुति है जिसे सामान्य उद्देश्य जैसे कि फोटो एल्बम या क्विज़ शो के लिए डिज़ाइन किया गया है।

एक चार्ट"

बी] "टेबल"

सी] "स्लाइड"

डी] "टेम्पलेट"

प्रश्न 22. जब आप अपने माउस को साइज़िंग हैंडल पर ले जाते हैं तो पॉइंटर "..........." बन जाता है।

ए] गोल तीर

बी] दोसिरवालातीर

सी] प्लस साइन

डी] चार सिर वाला तीर

प्रश्न 23. पावरपॉइंट प्रेजेंटेशन निम्नलिखित एप्लिकेशन सॉफ्टवेयर का एक घटक है।

ए] लीप ऑफिस

बी] कार्यालय शुरू करें

सी] ओपन ऑफिस

डी] <u>एमएसऑफिस</u>

प्रश्न 29. आप स्क्रीन के नीचे "..........." पर प्रदर्शित बटनों को चेक करके प्रस्तुति दृश्य बदल सकते हैं।

ए] "टाइटल बार"

बी] "मेनू बार"

सी] "टूल बार"

डी] <u>"स्टेटसबार"</u>

प्रश्न 33। प्रेजेंटेशन ग्राफ़िक्स में "..........." का उपयोग आपकी प्रेजेंटेशन में हैंडआउट या नोट्स पेज के शीर्ष पर स्लाइड नंबर, समय और तारीख, कंपनी का लोगो या प्रेजेंटेशन शीर्षक जैसी जानकारी जोड़ने के लिए किया जाता है। , या स्लाइड के नीचे, हैंडआउट या नोट्स।

ए] हाइपरलिंक

बी] टेबल्स

सी] <u>शीर्षलेखऔरपादलेख</u>

डी] चार्ट

प्रश्न 35. "..........." वास्तविक स्लाइड शो प्रस्तुति की तरह पूर्ण कंप्यूटर स्क्रीन लेता है।

ए] स्लाइड सॉर्टर व्यू

बी] सामान्य दृश्य

सी] <u>स्लाइडशोव्यू</u>

डी] नोट्स पेज

प्रश्न 38. यदि आपकी प्रस्तुति में बड़ी संख्या में स्लाइड हैं, तो आपको अपनी सभी स्लाइडों को देखने और उनकी स्थिति बदलने के लिए .... का उपयोग करना अधिक सुविधाजनक लग सकता है।

ए] सामान्य दृश्य

बी] <u>स्लाइडसॉर्टरव्यू</u>

सी] स्लाइड शो व्यू

डी] नोट्स पेज

प्र.40. माइक्रोसॉफ्ट पावरपॉइंट में आपकी फाइल को .... एक्सटेंशन के साथ स्टोर किया जाता है।

ए] पीएसडी

बी] .rtf

सी] .pptx

डी] .docx

प्रश्न 41. जब पॉइंटर .... बन जाता है, तो आप प्लेसहोल्डर को अपने इच्छित स्थान पर खींच सकते हैं।

ए] गोल तीर

बी] दो गोल तीर

सी] प्लस साइन

डी] चारसिरवालातीर

प्रश्न 43. "..........." एक फ़ाइल के बारे में विवरण हैं जो इसे पहचानने में मदद करते हैं।

ए] डेस्कटॉप गुण

बी] विंडो गुण

सी] उन्नत गुण

डी] दस्तावेज़गुण

औद्योगिक प्रशिक्षण संस्थान

मासिक टेस्ट-12, अंक- 20, दिनांक:- ________________

(प्रत्येक प्रश्न दो अंक का होता है)

प्रश्न 46. "............" मुख्य संपादन दृश्य है।

ए] स्लाइड सॉर्टर व्यू

बी] सामान्यदृश्य

सी] स्लाइड शो व्यू

डी] नोट्स पेज

प्रश्न 49. “..........” टैब में मूल स्वरूपण उपकरण होते हैं।

डिजाइन"

बी] "देखें"

सी] "सम्मिलित करें"

डी] "होम"

प्रश्न 2. "............" एक डेटाबेस ऑब्जेक्ट है जो मुख्य रूप से रिकॉर्ड दर्ज करने और प्रदर्शित करने और स्क्रीन पर मौजूदा रिकॉर्ड में परिवर्तन करने के लिए उपयोग किया जाता है।

पूछताछ।

बी] रूप।

सी] रिपोर्ट।

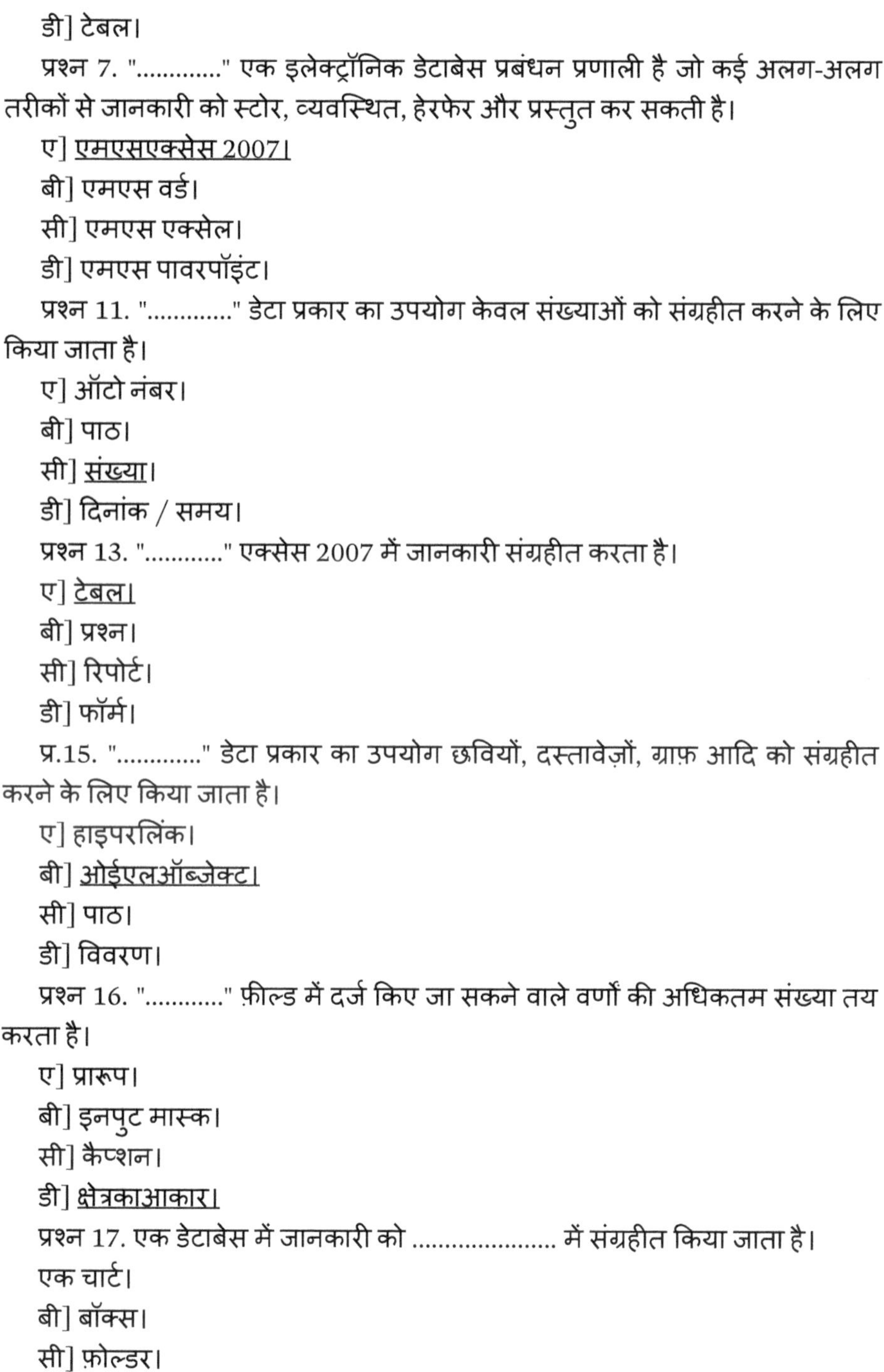

डी] टेबल।

प्रश्न 7. "............" एक इलेक्ट्रॉनिक डेटाबेस प्रबंधन प्रणाली है जो कई अलग-अलग तरीकों से जानकारी को स्टोर, व्यवस्थित, हेरफेर और प्रस्तुत कर सकती है।

ए] एमएसएक्सेस 2007।

बी] एमएस वर्ड।

सी] एमएस एक्सेल।

डी] एमएस पावरपॉइंट।

प्रश्न 11. "............" डेटा प्रकार का उपयोग केवल संख्याओं को संग्रहीत करने के लिए किया जाता है।

ए] ऑटो नंबर।

बी] पाठ।

सी] संख्या।

डी] दिनांक / समय।

प्रश्न 13. "..........." एक्सेस 2007 में जानकारी संग्रहीत करता है।

ए] टेबल।

बी] प्रश्न।

सी] रिपोर्ट।

डी] फॉर्म।

प्र.15. "............" डेटा प्रकार का उपयोग छवियों, दस्तावेज़ों, ग्राफ़ आदि को संग्रहीत करने के लिए किया जाता है।

ए] हाइपरलिंक।

बी] ओईएलऑब्जेक्ट।

सी] पाठ।

डी] विवरण।

प्रश्न 16. "..........." फ़ील्ड में दर्ज किए जा सकने वाले वर्णों की अधिकतम संख्या तय करता है।

ए] प्रारूप।

बी] इनपुट मास्क।

सी] कैप्शन।

डी] क्षेत्रकाआकार।

प्रश्न 17. एक डेटाबेस में जानकारी को .... में संग्रहीत किया जाता है।

एक चार्ट।

बी] बॉक्स।

सी] फ़ोल्डर।

डी] टेबल।

प्रश्न 18. "............" डिफ़ॉल्ट डेटा प्रकार है और इसका उपयोग टेक्स्ट प्रविष्टियों जैसे शब्दों, शब्दों और संख्याओं के संयोजन और संख्याओं को संग्रहीत करने के लिए किया जाता है जो गणना में उपयोग नहीं किए जाते हैं।

पाठ।

बी] संख्या।

सी] मेमो।

डी] मुद्रा।

www.ingramcontent.com/pod-product-compliance
Ingram Content Group UK Ltd.
Pitfield, Milton Keynes, MK11 3LW, UK
UKHW021910190726
13853UKWH00002B/611

9 798887 492971